# DIALOG IN THE DARK

―― 暗闇の中の対話 ――

# みるということ

著 ダイアログ・イン・ザ・ダーク

小学館

特別寄稿

# 「暗闇の中で何が起きているのか」

福岡伸一

私たちは視覚情報をたいへん重要な手がかりとして生活している。百聞は一見に如《し》かずというとおり、視覚、聴覚、嗅覚《きゅうかく》、味覚、触覚の五感のうち、視覚の占める割合はたいへん高い。その視覚があるとき全く失われてしまうような状況に陥ったら私たちは一体どうなるだろう。

＊＊＊

現代芸術家、荒川修作が岐阜県につくった世界最大の芸術作品、養老天命反転地を訪問したときのことである。すり鉢状の円形競技場のような場所に、斜めに立った家、行き止まりの廊下、迷路のような部屋など、感覚を幻惑するようなインスタレーションが散在していた。その中のひとつに挑戦してみた。斜面に穿《うが》たれた四角い入り口がひとつ。狭い通路が内部に続くが、暗い奥がどのようになっているかは見通せない。入ってみる。しばらくのあいだは入り口からわずかに入る光でほの明るい壁が見えているが、曲がりくねる通路を進むうちに完全な暗闇の中に閉ざされる。両手で壁を探りながら歩こうとするが、道がどうなっているか全くわからない。そのうち自分が袋小路に行き当たってしまったらしいことに気づいた。手探りで後退しようとするも、今、自分が来た道がわからない。あれ、こっちかな。その先に進もうとするとまたもや袋小路だ。完全な暗闇の中で迷ってしまった。このままここから出られなかったらどうしよう。その瞬間、底知れない恐怖感に囚《とら》われた。と同時に、落ち着け、という心の声がした。目をつむり、両手に触れる壁の感覚に注意を向けた。壁が曲がっていく方向が感じ取れる。

まもなく通路の向こうにかすかな光が見え、自分が入ってきた通路がわかって事なきを得た。ほっとした。そして自分が入り込んだ暗い穴がそれほど深いわけでもなんでもないことを思い知った。

＊＊＊

少し前、たいへん興味深い本を読む機会があった。伊藤亜紗著『目の見えない人は世界をどう見ているのか』（光文社新書）である。著者は、東京工業大学リベラルアーツセンターの准教授で、視覚障がい者にインタビューしてこの本を書いた。

あるときまで目が見えていたにもかかわ

らず、何らかの理由で視覚を失ってしまった人たちがどのようにして世界を感じ取っているか、その実感に寄り添って具体的に書き表わされていく。シリアスなテーマにもかかわらず文体は軽やかでわかりやすい。視覚を失った人たちはそれぞれの方法で、世界を再構築している。

暗闇とは一体何なのか、暗闇の中で何が起こっているのか。荒川修作の作品や伊藤亜紗の著作が示そうとしていることをあえて一言でいうならば、暗闇で視覚が失われることとは、欠落ではなく、むしろ脳の内部に新しい扉が開かれる契機だ、ということである。その開かれ方は人それぞれだが、欠落を補って余りあるほど豊かな方法で、視覚以外の感覚が立ち上がり、世界を新しい方法で捉《とら》え直そうとする。つまり暗闇は、私たちに生命の柔軟さ、可変性を体感させる刺激となる。その感覚は、暗闇から出たあとも持続するものとなるだろう。

＊＊＊

ダイアログ・イン・ザ・ダークもまた、そのような発見の場として考えることができるはずだ。ひとたびダイアログ・イン・ザ・ダークの暗闇に入ると、視覚は役に立たない。耳をそばだて音や声を求めようする。手や足の裏、白杖であたりを触り、手がかりをつかもうと躍起になる。耳を澄ませ、感覚を研ぎ澄ませるとき、まさに心が開かれた状態になるのだ。かりに段差の感覚を得れば、とっさに危険だと判断し、身体は自然と平衡を保つ。それと同時に、今度は言葉に出して、周りの人に段差の存在を伝えようとする。伝えてもらった側は、段差があるという情報だけでなく、教えてくれた人への信頼や愛情を受けることになる。

ダイアログ・イン・ザ・ダークという闇の空間は、こうして脳の内部に新しく扉を開く。開かれた扉の向こうでは他者との交流と交感がより動的なものになるだろう。

**福岡伸一**

生物学者・青山学院大学教授。1959年東京生まれ。京都大学卒。ベストセラー『生物と無生物のあいだ』、『動的平衡』ほか、「生命とは何か」をわかりやすく解説した著書多数。他に『世界は分けてもわからない』、『できそこないの男たち』、『動的平衡2』、『ルリボシカミキリの青』、『フェルメール光の王国』、『せいめいのはなし』、『福岡ハカセの本棚』、『生命の逆襲』、『動的平衡ダイアローグ』など。（写真／阿部雄介）

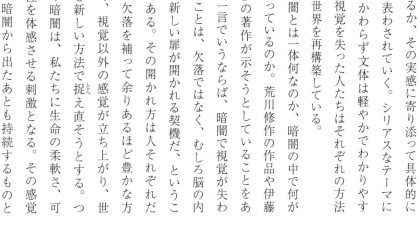

プロローグ

# 自分を取り戻す　暗闇のエキスパートの教え

――ダイアログ・イン・ザ・ダーク・ジャパン理事　志村季世恵

ダイアログ・イン・ザ・ダークは照度ゼロの暗闇に公園や広場、都市や家などの日常空間をつくり、その中に8名の参加者が入場します。アテンド（案内人）は視覚障がい者。漆黒《しっこく》の闇の中を、目を使わない文化を持つアテンドに誘導されながら、ゲスト（参加者）は目以外の感覚を使い、協力しあいながら進む対話型のワークショップです。

これまで世界39か国で開催され、各国でオリンピック・パラリンピックの架け橋を担い、また、2007年のダボス会議（世界経済フォーラム）にも採用されたグローバル・プロジェクトです。

## 始まり

今、世界中で最も求められているこのエンターテインメントをご存じですか？

ダイアログ・イン・ザ・ダーク（ＤＩＤ）は１９８８年ドイツで始まりました。その後ヨーロッパ各地に広まりその噂《うわさ》が日本に届いたのは5年後の93年のことです。

その様子は新聞の囲み記事で紹介され、記事には「ウィーンの自然史博物館で開催中の『闇の中の対話』と題する特別展が人気を集めている。日常生活を取り巻く様々な環境を織り込んだ真っ暗な会場を回ることで盲人の世界を体験し理解してもらおうという珍しい展覧会だ。」という説明とともに、すでに最終日までチケットは売り切れており、発案者でドイツ人のアンドレアス・ハイネッケ博士は日本を含めた世界各国で開催するのが目標であると書かれていました。

この記事を現ダイアログ・イン・ザ・ダーク・ジャパン代表の志村真介が読み感銘を受け、日本でも開催したい旨をハイネッケ博士に伝え、開催許可を得たのが日本での始まりです。


志村がその新聞を握りしめ、「これを一緒にやろう!」と興奮した様子で私のところにやってきたのを今でもはっきり覚えています。暗闇のツアーは8名で構成され視覚障がい者がリーダーとなり案内する。そして対話をする。しかもとても楽しいというのです。目の不自由な人が健常者を案内しながら対話をして楽しい……。それがヨーロッパでブレイクしている。

その様子を想像し、衝撃が走りました。なぜならこれは障がい者理解ではなく、エンターテインメントだと言うからです。気の毒な障がい者を理解してくださいというような内容ではなく、目の見えない人たちが健常者を感動させ楽しませている、何かを飛び越えたもののように感じました。

日本人でDIDを体験しているのは代表の志村のみ。仲間となったアテンド役となる視覚障がい者も未体験。実際のところよくわかっていませんでしたが、そのコンセプトと楽しそうな暗闇に興味を持ち、実現を目指しました。

そして99年の秋。東京ビッグサイトで2日間の開催をしたのです。

## 目以外の感覚でものを見る

暗闇のツアーを体験したゲストを、感想を語り合う「対話の場」に出迎え、私はそこのファシリテーターを担当しました。そこで見たゲストの姿は私に大きな驚きを与えました。

暗闇を案内する視覚障がい者（アテンド）の手を握りしめ、顔を紅潮させ「ありがとう！　ありがとう！　大切なことを知った。これは素晴らしい！」と繰り返し、その場を立ち去ろうとしない人が続出したのです。

当のアテンドもキョトンと驚いた顔をしています。「ただ暗闇の中を案内し、そこで少し遊んだだけ。なのに、なぜこんなに泣いたり笑ったりして感動しているのか？」

これは2日目も同じでした。実は17年経った現在も変わることはありません。アテンドはこんなに握手を求められたことはなかったでしょう。まるでスターのようです。

その感動はアンケートに綴《つづ》られ、私たちはそれを読みながら、これは大変なことになったと思ったものです。けれど私たちスタッフが体験しておらず、その興奮が自分たちの理解を超えています。何とか時間をやりくりし、会場を片付ける前にこの暗闇に入ることをお願いしました。

部屋の広さを認識できず、その世界は果てしないもののように感じられます。どんなに目を凝《こ》らしても目でものを見ることはできません。

自分の存在がどこにあるのか認知できず、暗闇の中に吸い込まれてしまいそうな心細さを感じた頃、温かな優しい声が聞こえてきました。

「こっち、こっち。大丈夫。声のするほうに歩いてみて」。その声は私に驚くほどの安心を与えました。同時にその声で自分の進むべき方向性を知ったのです。

目を使う人は情報の約80％を視覚で得ていると言われています。それが失われると他の機能で補う必要がありますが、その使い方を私たちは忘れています。暗闇の中ではその感覚が開きやすいのでしょう。声に導かれ小さな一歩を踏み出しました。まるで歩くことを覚えたばかりの赤ん坊のようにぎこちなく。

耳や足からの情報に意識を集中し、全神経を傾け暗闇を進みます。暗闇に入る際に手渡された白杖《はくじょう》は、ふだん街なかで見かける視覚障がい者が持つ白い杖と同じものですが、これがこんなに情報を察知できるものであったとは。まさに目の代わりになるものでした。

また暗闇を共に探検するメンバーの声は頼りがいのある重要な情報の一つでしたし、不安な心を安定させる大切な存在だったのです。

秋だったこともあり、暗闇の中には桜の葉が敷き詰められていました。見えないけれど、その匂いや手触りで桜であることを知るのです。きっとこの場は公園なのでしょう。遊具の音もしています。たった葉っぱ1枚に、遊具の音に、私たちはいちいち反応し、そして驚くほど言葉を交わします。「この桜の葉はきっと紅葉している。少し乾いているけれどまだ水分を含んでいる!」。目を使わなくても私たちの体はそれを察知できる力がある。目以外の感覚でものを見ることができたのです。アテンドはそれを見守り、ときに静かに促し、暗闇の中を導いていくのでした。

## 今、社会が一番必要としているもの

視覚以外の情報源を持つ全盲の人たちは独自の文化を構築しています。音を頼り、指でものをなぞり、足元を白杖と足裏でたどり、匂いを感じ、更に周りの人の情報を重ねていきます。研ぎ澄まされた視覚以外の機能と、また、人の意見を聞くその姿は、非常に丁寧で傾聴そのものです。人との関わり方にも大いに学ぶものがあります。

暗闇の中でこの文化を持つ人たちが、「見る」ことと「観ること」の違いを感じさせ、また人と人との関わり方や対話の重要性も伝えている。これは今の社会が一番必要としているものです。

暗闇の中では相手と自分の距離がわかりません。ときには誰かの肩と自分の肩が触れることがあります。「あっ。ごめんね。大丈夫？」と言葉を発すると、「大丈夫だよ。そこにあなたがいるとわかってよかった」と言葉が返ってきます。不安な暗闇の中で人とぶつかることは大きな安心です。こんな単純なことがうれしいのです。

ときには自分がチームから離れてしまうように感じることもあります。

「待って！　おいていかないで！」

「大丈夫。待っているよ」

人に協力を求める勇気が身につきはじめます。

暗闇の中では人の見方も変わります。仲間となったその人が何歳なのか、どのような仕事をしているのか、収入が多そうなのかそうでないのか、美人なのかイケメンなのか。誰一人わかりません。知る必要もありません。大切なことはその人の手のぬくもり。声の温かさ。そして助け合える喜び。

仲間となった人たちと語り合い、互いに気持ちを向けることが大切なのです。やがて障がいのある人、ない人という垣根も暗闇の中で溶けていきます。対等という言葉の意味をここで知ることができるのです。

たった90分の出来事です。けれど価値観を揺らがせてしまうほどの時間を、暗闇が、そして視覚障がい者が教えてくれる。

## 大切な人の声を覚えていますか？

幼い頃、私たちの手や指、足の裏や肌には『感覚という目』がついていました。まんべんなくその『見えない大切な目』を駆使していたのです。

けれど私たちはその見えない大切な目を手放すときが訪れます。速く、急いで、効率よく。スピードを求められるたびに感じることを置き去りにして走ります。触る情報も、声に耳を傾ける情報もその収集には時間がかかります。

効率よく情報を得るためには視覚という『見える目』は便利です。その機能だけを使い、他の感覚は閉ざされ、まるで眠っているようなもの。その違和感すらもすでに消えてしまっているのです。けれど目だけではすべてを得ることはできません。偏った情報は見落としばかり。体や心は疲弊し、立ち止まることを本当は求めているのに、その感覚を思い出せずにいます。

暗闇はそのようなときに大きな効果を発揮します。なぜなら自分をそこに立ち止まらせることができ、感覚のチューニングができるからです。誰かの手が触れる。誰かの声に丁寧に耳を傾ける。ゆっくり歩く。忘れていた大切なことが蘇《よみがえ》ってきます。

大切な人の手をあなたの手は覚えていますか？　大切な人の声をあなたの耳は覚えていますか？　今日触ることはできましたか？　今日聞くことはできましたか？　人が好きですか？

もしも忘れていたのなら、この本で探してみませんか？　ここには暗闇を訪れた人たちに、寄り添いながら、誘《いざな》う案内人＝「アテンド」の豊かな日常とその文化が、そして暗闇の中で起きていることが記されています。

『観る力』を持つ人を知ることで、大きな気づきや発見があるかもしれません。ダイアログ・イン・ザ・ダークを訪れてくださったゲストのように、違いを知り、それを認め合い、対話し、感性の扉を開いてみてほしいのです。

DIALOG IN THE DARK ―暗闇の中の対話―

# みるということ

目次

＊暗闇では、お互いをニックネームで呼び合います。

【参加者】

**きのっぴぃ**：暗闇を案内するアテンドスタッフ
**はー**：カフェ担当のアテンドスタッフ
**ピッキー**：建設会社社員
**るっぴー**：小学4年生
**ママ**：看護師。るっぴーの母
**ケンケン**：大学1年生
**おけいさん**：元教師
**ユリ**：精密化学メーカー社員
**エリ**：イラストレーター
**アッキー**：証券会社社員

# 第１章

## ダイアログ・イン・ザ・ダーク

夏休み限定プログラム「僕たちの夏休み」

# 体験しました。

暗闇体験で私、変わったかも!?
―― 体験者による座談会

## 音は見えた！

**きのっぴぃ**：皆さん、暗闇はどうでしたか？

**るっぴー**：見えないのに音が見えた！　太い音、軽いような音も。

**エリ**：頭の中でイメージがすごく膨らんで、音や触れているものが脳裏に映像として伝わってきて、それが自分の中で具現化しているような感じですごく面白かったです。不思議な感覚でした。あと、こんなに人の声が愛《いと》おしいみたいに感じたことはなかったかな。

**ビッキー**：人の声ってすごく温かいというか安心感があった。誰の声もしないときは不安になったんだけど、周りに人の声が聞こえるとすごい安心感。ふだん街なかで人の声を聞いてもそんな風には思わないですよね。

**ママ**：遠いと急に不安になるし、暗闇ではとても安心して人に寄っていきました。街なかでは知らない人とこんなに近くになることなんてないのに。

**おけいさん**：はじめは、暗いということですごく緊張しましたが、知らない間にリラックスしている、体の力が抜けているのを感じて、とっても不思議でした。途中から楽しいなって。きのっぴぃにはずいぶん助けていただきました。ありがとうございます。

**きのっぴぃ**：逆境を楽しむ力があるなと感心していたんですよ。

**おけいさん**：暗闇では、長年生きてきた感覚と違う何かを見たような感じ。それをもう一度考えてみたいなと思っています。それと、目の悪い方を、かわいそうみたいに思った自分がいたのですが、もうとんでもないことで。ほんとに素晴らしい感覚と、暗闇での導きもすごいし、楽しませていただきました。自分の中でいろいろな感覚が変わったという感じがしています。

**ケンケン**：僕も最初は、見えなくてほんとに心細いなと思っていたのですが、知らない間に声を頼りにしている自分がいて、人の声が聞こえたり、人に触れたりするのはとても心強いことなんだなって感じました。

## 言葉が見つからなくて

**るっぴー**：最初ドキドキしたけど、橋を渡った後とか、楽しくなった。

**ビッキー**：みんなで橋を渡ってから一体感

みたいなものが出た感じはありましたね。後ろの人は誰で、前には誰がいて…と確認しながらみんなで協力して。

**ユリ**：みんなでやった感がありましたね。私は何度か体験させていただいているのですが、そのたびにいろいろな発見があって。ふだんの生活の中で、自分が五感をほとんど使っていないなと思ったり。今日は最初に草のすごくいい匂いがして、手で触れるとフカフカして。何度来ても毎回楽しい発見がありますね。

**ビッキー**：（暗闇で）お茶をいただいたとき、器は何？って聞いたら「陶器」と。見えないと、伝えるのも難しかったですね。

**ケンケン**：言葉が見つからなくて。

**ママ**：「形」っていつもは見えているから、表現することってないじゃないですか。悩みますよね。

**はー**：私は暗闇で皆さんをお待ちする役目でしたが、皆さん、ふだんは「こうなって」「ああなって」みたいな説明が多いと思うのです。でも、暗闇ではそれが一切通用しないので、いろいろな説明の仕方や工夫があることを楽しんでいただけたのではないかと思います。

**ケンケン**：見えない状態で触ると、触覚が研ぎ澄まされた感じがして、最初は不安だったのに、どんどん楽しさに変わっていった気がします。

**きのっぴぃ**：いろいろ発見していく過程は面白いですよね。

**ビッキー**：お菓子を食べたときも、ふだんはパッケージでわかってしまうけど、（暗闇では）とりあえず開けて匂いを嗅《か》いで、たとえばカレーの匂いがするなとかいうので食べてみる。新鮮でしたね。味わっている感覚がありました。ふだんはテレビを見ながら食べたりして、きっと味わっていないんだろうなって思いながら。

**ケンケン**：ふだん歩いているときは周りの景色とかに感覚が集中しているんですけど、今回は「あ、芝生です」とか「床が固いです」とか、それも白杖とか足の裏の感覚とか、ふだんは使っていない感覚から感じることができたので、初めてに近い感覚だったから驚きました。

## 暗闇では内面しか見えない

**ビッキー**：喫茶店でのきのっぴぃと、はーちゃんの動きもすごかったですね。飲み物やお菓子もちゃんと配っていただいて。見えないということで我々はハンデだと思っていたけれど、そうじゃなくて。この世界に入れば逆に、我々が見えないということでハンデになって。見えなかったり聞こえなかったりする方は、不便は当然あるでしょうけど、我々が思っているほどではなく、みなさん生き生きと案内とかされていたので、自分たち自身が「健常者だ」と思っている感覚がおかしい、ずれているのかなと思いましたね。

**ユリ**：やっぱり、見えているがゆえに目に頼りすぎてしまって、使っていない情報も多くて。来るたびにそういうことを教えていただいている気がします。

**ママ**：声の出し方も、「怖い」と言ったとすると、声の抑揚で感じ取って「大丈夫ですよ」と言ってくださる。自分では同じように声を出しているつもりでも、感情の変化も微妙に感じてくださっている、すごいなと思いますね。

**きのっぴぃ**：あ、皆さん、気づいてますか？暗闇の中で出していた声と、今話している声、違いますよね。今は抑え気味ですよね。

**全員**：ああ、そうだ（笑）。

**きのっぴぃ**：暗闇の中ではもっと聞き取りやすい声、声がハッキリしていましたね。明るくなって、そこまで声で知らせることは必要ないから、ちょっと抑えめの声になったのだと思います。でも、僕たちとしてはちょっと遠くなったなという感じはありますね。

**るっぴー**：確かに、今よりあっち（暗闇）にいたほうが、声が大きかった。

**ケンケン**：こうして相手が見えていると、ちょっと声とかに牽制《けんせい》がかかる。見えないとためらいがないというか、思ったことを素直に言葉にしていた気がします。

**きのっぴぃ**：皆さん、今、すごく頷《うなず》いているように感じます。一体感を覚えました。そうやって、見える世界も大変なんですね（笑）。

**ママ**：明るいところで一気にチームワークをつくるのは時間がかかるけど、あそこで、みんなでぎゅーっと近づきながらいろいろ体験した結果、みんな仲間、前からのお友達みたいな。不思議な感覚です。

**ビッキー**：うちは会社の研修でも取り入れさせていただいているのですけど、全国から集まった同じ会社の40〜50代の社員、みんな非常に緊張して入っていくんです。でも、出てきたときのみんなの打ち解けた感、一体感。それがいつもいいな〜と思うんです。あの一体感を、他の研修であそこまで短時間でつくれるのかというと、難しいですよね。

**アッキー**：仕事だと、電話やメールですませちゃうことが多いですが、実際に会って話すことの大切さとか、相手の状況をわかっているつもりで実はそうではないとか、そういうこともあるのかなと考えますすね。

**ケンケン**：見た目でその人の第一印象とか、けっこう型をつくっちゃう感じがあるのですが、暗闇では内面しか見えないので、心の距離が縮まって仲良くなれる、ほんと良かったです。

## 暗闇とは？
## 私に見えたこと
## 1

# 暗闇は「明るく」感じた

体験するまでは「目が見えない」という障がいについて触れることをあえて避けてきたように思います。それが、ダイアログの体験を通じて、アテンドスタッフの力強さを実感し、「目が見えない」ことへの勝手な先入観が消え、堂々と話すことができるようになっていました。この変化はすごく大きなものでした。視覚障がいのある人と「目が見えない」ことについて、堂々と話せるようになったというのは、自分自身がその人とフラットな感覚で対等に話せるようになった、ということだと思います。

**東京海上日動火災保険株式会社　取締役会長　隅 修三**

# アテンドの能力を住まいの研究開発に

当社では、大阪駅前のグランフロント大阪北館にある「情報受発信・研究開発拠点／住ムフムラボ」にて、関西唯一の長期開催の場となる「積水ハウス×ダイアログ・イン・ザ・ダーク『対話のある家』」を2013年4月より運営しています。

この「対話のある家」は両者で共創した体験プログラムで、暗闇の住空間を使い、参加者が暗闇の中で「家の中でのコミュニケーションの大切さ」そして「家という存在の大切さ」を認識してもらう場として、季節ごとに異なるプログラムを開催しています。

最近は、このプログラムだけではなく、アテンドならではの能力を住まいの研究開発に活かしていこうと更に共創の内容を高めています。

見ず知らずの人が「対話のある家」を体験した後では、誰もが家族のような間柄になって出てこられる、この「対話のある家」での体験を通じて、皆さまにダイアログ・イン・ザ・ダークの素晴らしさ、魅力をつかんでいただきたいと思います。

**積水ハウス株式会社　代表取締役社長兼COO　阿部俊則**

## 3つの衝撃

DID体験は衝撃でした。全く何も見えないDIDの暗闇に入ることで、私の世界観の一部が確実に変わりました。まず、DIDのアテンドの暗闇の中での能力・実際の活動を経験することで、これまで持っていた「障がい者」に対する見方が180度変化。何かが不自由な人ではなく、私たちとは違った個性・優れた才能を持った人、と考えるようになったのです。次に、人間がいかに視覚に頼りすぎていて、嗅覚や聴覚などで得られる重要な情報を逃していたのかを痛感し、日常生活の中でも、あえて目をつぶることにより、他の感覚を呼び覚ますことを意識して行うようになりました。そして3つ目は、人間性に対する信頼の回復、というとちょっと大げさですが、人と人は本来、信頼でき、助け合うことができるということを、初対面のメンバーと暗闇に入ることで改めて確認することができました。DID体験は、間違いなく私の世界を豊かにしてくれました。

**日本GE株式会社　代表取締役　GEキャピタル社長兼CEO　安渕聖司**

## 「すべての人々が対等に話をできる世界の実現」

ダイアログ・イン・ザ・ダークと私は不思議な縁でつながっています。ダイアログの理事である志村季世恵さんとの出会いは16年前でした。その後、疎遠となっていましたが、社会起業家が集う場で志村さんと5年前に偶然再会したのです。彼女は視覚障がい者と共にDIDを通し、社会変革をすることにチャレンジしていることを知り、それからは私もダイアログ・ジャパンの理事として活動を支援しています。ダイアログの体験を通してわかることは、人間の心と体の不思議さです。目が見えないことで、他の感覚が研ぎ澄まされてくる、それまで見えなかったものが見えてくる、障がい者を見る目が変わってくる、知らない人と助け合えるようになるなど、不思議な体験の連続です。「すべての人々が対等に話をできる世界の実現」を目指して志村夫妻によって始められたダイアローグ・ジャパンは、これまでの様々な苦難を乗り越えようやく軌道に乗ってきましたが、これからは2020年の東京オリンピック・パラリンピックに向けて、更に大きく飛躍することを期待しています。

**元 森ビル株式会社　取締役専務執行役員、一般社団法人ダイアローグ・ジャパン・ソサエティ理事　堀内 勉**

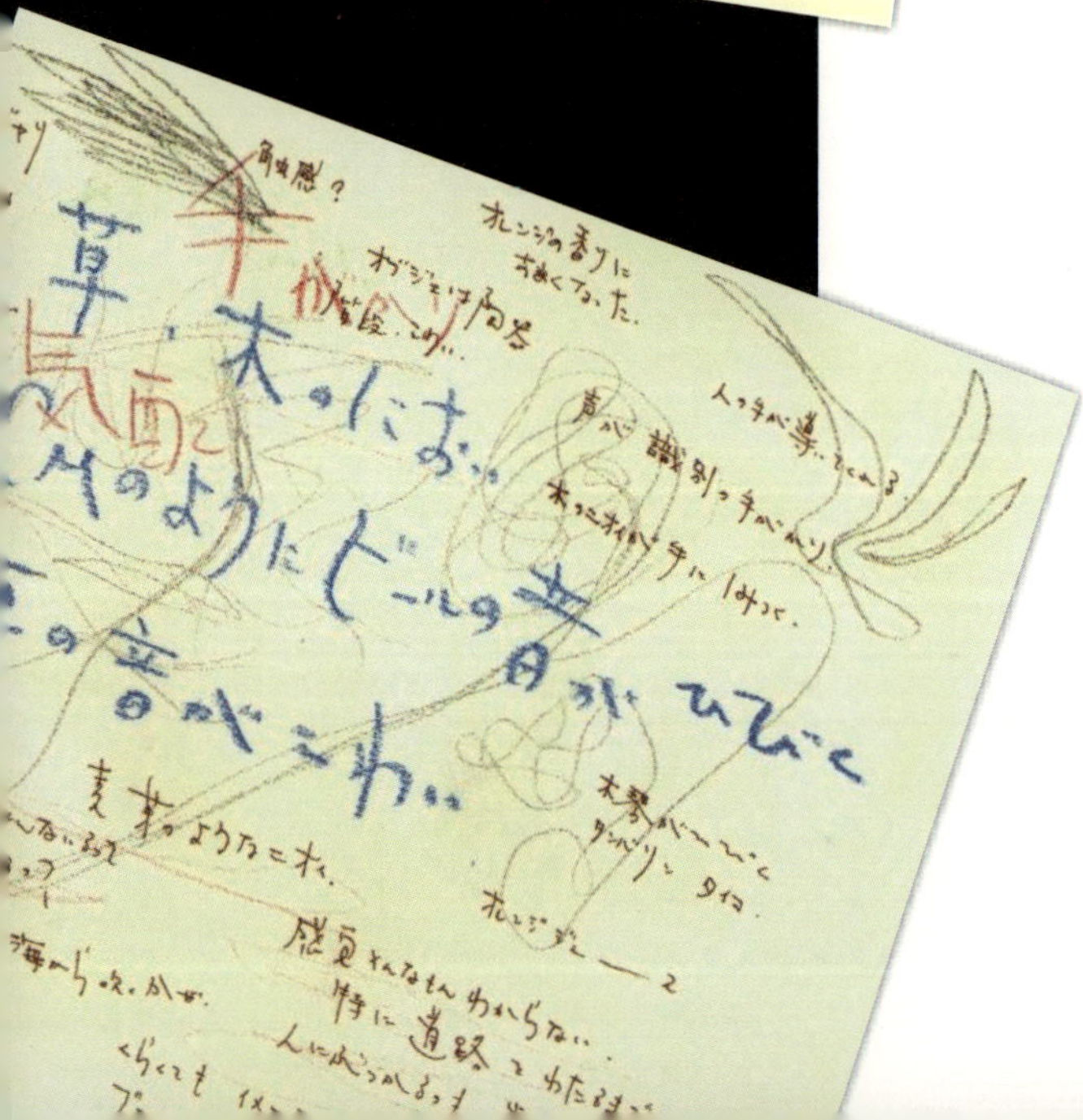

# 第2章 今、なぜダイアログ・イン・ザ・ダークが求められるのか

人を見て感じるのではなく
声で、肌で、感覚で感じる。
声にも話し方にも表情があって、
ほほえんでる。
おだやかな表情
おちついた声
あたたかい声
笑顔。
不安
私の声ってこんな感じ
私 みき
クラクションが鳴るとドキリとしました。
ワインの香り
ジュースの香り
味が濃いような気がしました。
橋をわたるのもこわかった 視覚の大切さがしみじみとわかりました。
いろんなものがうたっていて
いろんなものがやさしくて
いろんなものがまじわって
私の感じた「闇」の色です。
まっくら だったんだけど、まっくら ではなくて、
いろんな「色」を感じました。
どんなものが「見える」のだろう…？
音と、手・足の感覚と、人の声。
松本さんの声が「あかり」のように感じました。
ゴツゴツなつかしい感触
ほっ。ほのにおい
右手は大切

01

親子編

01

A parent & Children

母：小沢直子さん

娘：小沢百合子さん（中2）

息子：小沢健太郎くん（中1）

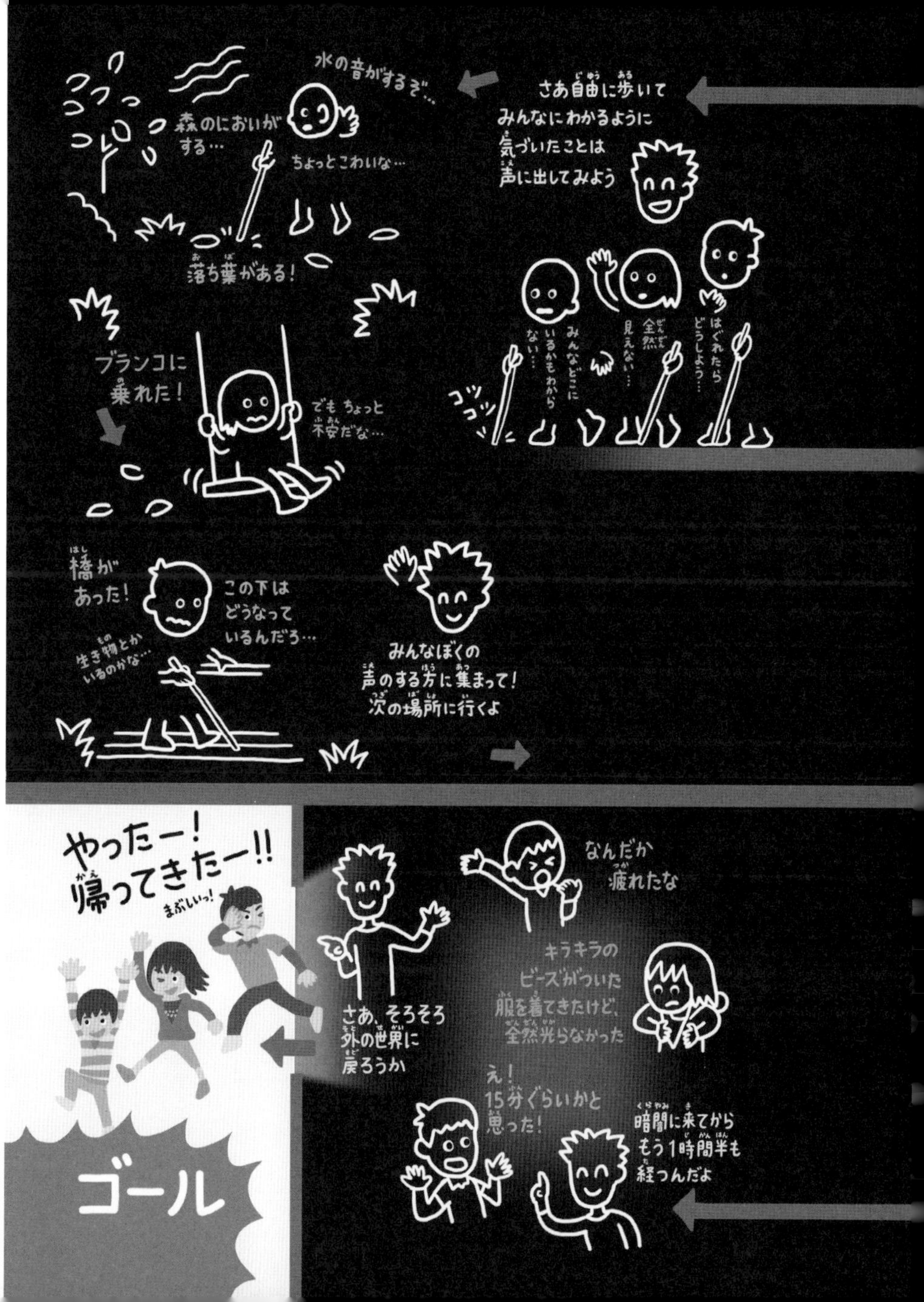

# 3年経っても残る暗闇のキズナ

**DIDを多くの子どもたちに体験させたい。それは私たちの願いでもあります。実際、お子さんには暗闇体験を通して、どんな気づきや変化が訪れるのでしょう。体験していただいた小沢さん親子に、振り返ってもらいました。**

＊DIDは小学生以上のお子様に体験していただけます。ただし小学生は保護者の同伴が必要です。

小沢さん親子が体験したのは3年前。百合子さん、健太郎くんともに小学生でした。読売新聞社発行の『読売KODOMO新聞』の取材で、それこそ何の先入観もなく、ただ暗闇に入る、とだけ伝えられて。当時の記事によれば「KODOMO記者（編注：2人のこと）は何も知らされないまま暗闇へ。緊張していた最初のうちは『足に何かぶつかった』『危ない』と、自分のことだけを口にしていたのが、時間が経つと『百合です、隣にいます』と、相手を気遣ったり、『みんなは今どこ？　こっちに来て！』と、手を叩いて知らせたり、気持ちに余裕が出て、まわりに注意がいきはじめたぞ」とあります。

「出てきたとき、ものすごく眩《まぶ》しかった。今でも覚えてる」と百合子さん。お母さんの直子さんが「アテンドの方の頼もしさったら……」と言いかけると、「最後まで目が見えないとは気がつかなかった」と、少しずつ当時を思い出してきたようです。

**暗闇の中で活発な子どもたちに頼もしさを感じました（母）**

**母**：最後まで目が慣れない、何も見えない暗闇というのは初めてでした。電車ごっこのようにみんなでつながったり、くっつき合ったりして進んでいったのを覚えています。（2人に）でもけっこうすぐ、暗闇には慣れたんだよね？

**百合子（以下：百合）**：最初は怖かったけど、ブランコに乗ったくらいから面白くなってきました。

**健太郎（以下：健）**：最初は不安でしたが、わりとすぐ大丈夫になりました。暗闇に入ってすぐ、橋の横を歩こうとしてつまずいて転んだときはけっこう焦ったけど、自力で立ち上がれた。そのとき、すぐに「大丈夫？」と淳さん（担当アテンド）に言われて、安心とまではいかないけれど、不安ではなかったと思います。

**母**：暗闇に入ると、子どもたちはあっという間に散っちゃったんです（笑）。私に全く頼らなかったですね。むしろ私がおろおろしていて。「どこにいるの？」というと、見つけたものを声に出して伝えてくれたりしました。「よく動くね」って淳さんに言われていましたね（笑）。

**百合**：暗闇の中に家があって、靴を脱いで、家に上がったよね。その後、みんな自分の靴をちゃんと履けていて驚いた。

**健**：だいたいこの辺、というのはわかった。でも脱ぐ前に隣の人を確認したから。

**母**：2人とも、ふだんより声が出ていました。声を出すことで、情報を人と共有しようという活発な気持ちが出ていて、意外とできるんだなって頼もしかった。

**健**：けっこう歩きまわったような気がします。森の中とか夜とかの暗闇と全然違ったけど、すぐ慣れちゃって、ただ楽しいって

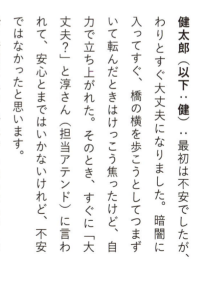

感じ。コーヒーとか土とかいろいろな匂いがしました。

**母**：自然の草の匂いとか、川の音とか、覚えていますね。確かに、暗闇ということは途中からあまり意識しなくなっていましたね。目は開けてましたけど……。

**百合**：私も。

**健**：ボクも。

**母**：私は、あの真っ暗闇に戻りたいって気になるんですよ。お母さんのおなかにいたときは暗闇だったと思うんですよね。あの独特の、暗闇に包まれるような安心感。原体験として真っ暗なところに身を置きたい、落ち着くという感覚があるのかもしれないですね。明るくなると、失ってしまうような。

**百合**：そうだね、それを取り戻しに行くところ。DIDは、また行きたいと思う。

**健**：アテンドの淳さんがとっても頼もしかった。場所とか全部わかっているみたいだったし、暗闇ではボクたちより全然、しっかり動いていたし。

**母**：頼りになるし、テキパキしていました。そして一人ひとりがどこにいるかも把握されていましたよね。

**健**：視覚障がい者の人は、あまり速く歩いたりできないんじゃないかって思ってた。

**百合**：淳さんが、目が見えない人だって最後まで思わなかった。私はとても感覚が鋭いなって思いました。

**母**：そうね、明るいところに出てから、私たちは視覚に頼って、感じる前に動いているんだなって、ふだんの生活を思いました。暗闇だと、感じてから動く。たぶん2テンポくらいある気がします。それに比べると、目で見てすぐに動かなくてはいけない、見えなかったらついていけない、そんな世の中で暮らしているのかと思いました。

## 暗闇体験での気づきは無意識であっても後々まで残る

**母**：実は娘が、突然暗くなるというのが苦手だったんですね。停電とか。

**百合**：でも、暗くなるというのが事前にわかっていたし、最初は怖かったけど、だんだん感覚がつかめるようになって、みんなと協力したりして、楽しめました。それで、暗いところが平気になりました。暗くてもまあ、どうにかなるってことがわかったからかな。

**母**：楽しかったし、暗い中で目が使えなくても、触ったり匂いを嗅いだりすれば大丈夫というのを知りました。見えないからって、何もかも奪われちゃうって感じはしないよね。

**百合**：そうだね。

**母**：息子は帰りの電車で、目の見えない方だったか記憶が定かではないですが、杖は持っていたかな、困っている方がいて、「お席代わってらっしゃい」と言ったら、すすーっと近寄って「お席どうぞ」と頑張って言えたのを覚えています。それまでは、当時まだ小学4年生だったし、席を譲ることはなかったんです。ただ、元々あまり躊《ちゅう》躇《ちょ》しないところはあって、その後も違和感なく席を譲るなどふつうに実践していますね。

**健**：覚えてないなぁ……。

**母**：あれから3年が経ちましたが、2人の変化は一過性のものではなく、現在も継続しているように思います。駅にも電車にも、視覚障がいの方はたくさんいて、気遣ったり席を譲ったりする気持ちは、ごく自然に育っていますね。私自身もまた行きたい気持ちがあるし、暗闇での変化は今もどこかに残っていますね。

**百合**：残る。

**健**：残ってる。

**母**：視覚障がいの方に対して、あまりにも世界が違う人、ではなく、互いにフォローすれば、可能性が広がるだろうという想像力がわいてくるような、尊敬にも似た気持ちは確実に育ちましたね。

街の中の矛盾したやさしさ。

耳を澄まして横断歩道を渡る。

## 02 ― 友人編

# いつもと違う友人の姿が新鮮に

最初は「一期一会」（全員がお1人さまの回）を体験した田中さんは、その後、友人の太田さんを誘って再度、DIDを体験。

その日出会った仲間と、お1人のご参加でも楽しんでいただけるDIDの暗闇ですが、友人同士で体験する場合、どんな発見や変化が見られたのでしょうか。

02 ― Friends

田中尚美さん
（映像プロデューサー）

太田文恵さん
（イラストレーター／セラピスト）

## 暗闇の中で、仲間の笑顔やオーラの色が見えた気がした

**田中さん（以下、敬称略）**：最初のＤＩＤ体験が「一期一会」で、すごく面白かったんです。バレンタインデーなのになぜか女子ばかり（笑）。もちろん、シングルもいればお子さんやお孫さんがいらっしゃる女性もいたのですが、そこで集まったメンバーでとても仲良くなって、体験後は一緒にご飯を食べに行き、人生観みたいな深いところまで話が盛り上がりました。そしてフェイスブックのグループをつくりいまだに交流が続いています。そのときの体験も書いたのですが、文恵ちゃん（太田さん）それを見ていたんだよね？

**太田さん（以下、敬称略）**：みんな、体験の内容を深くは書かないんですよね。とりあえず体感してみて、感じ取ってみて、というんです。だから、なおなお（田中さん）から誘ってもらったときは「あのＤＩＤに行けるの!!」ってすごく楽しみでした。

**田中**：イラストレーターやセラピストのお仕事も、すごく感受性を必要とするので絶対合うなと思ってお誘いしました。

**太田**：人と出会うと、だいたい最初の３秒で印象が決まるというじゃないですか。真っ暗のお部屋に入る前に、ご一緒させていただく方に何となくの印象を持ったまま進んでいったのですが、いざ暗闇に入ったら、声だけが頼りですよね。最初は声の距離感だけで進んでいくんですけど、後半になってくると、暗闇なのに、不思議なことに周りが見えるような気がしてくるんです。見上げたら星が見えるんじゃないかって思えたり、お互い見えないのに、絶対周りのみんなは笑顔なんだろうな〜とか。見た目だけじゃない本当の付き合いというのを短時間でできた、貴重な機会でした。感動的だった。

**田中**：私も何か、その人の魂の色、オーラの色みたいな感じが自分の中でできていて、その人の声と一緒に色が心に届いてくるような感じがしました。

## 暗闇で発見したふだん見えにくい互いの一面

**田中**：文恵ちゃんは、暗闇では「あんちゃん」ってニックネームでした。いつもと違う名前だったことで、そこにいる彼女は、リアルに知っている「かわいらしい部分を持った奥様であり、しっかり者のセラピスト、イラストレーター」より、お転婆《てんば》で、

ちょっと冒険心が強くて、放っておいて転んじゃったらどうしよう、みたいなちょっと危なっかしいところがある人に見えました。実年齢よりもっと下、13～14歳くらいの文恵ちゃんが「あんちゃん」としてそこにいたような感じがして、私はすごく新鮮でした。

**太田**：「あんちゃん」というのは、結婚前のニックネームだったので、誰にも気を遣うことなく、自由な気持ちになれたのかな（笑）。なおなおは、暗闇では、「怖い」と言っていた方を真っ先に「私がいるから大丈夫だよ」って安心させていたんですよね。きっと存在感。全体がなおなおについていく感じだった。頼りがいがあるだけじゃなく、いろいろ引き出しがあって、それが垣間見られた。会話も面白いなって。それまでは、見た目は艶っぽいけど、実は力強いイメージだった。でもほんとはもっと女性らしくてみんなを惹きつける人なんだなーって。

**田中**：やればできるのかな（笑）。これまで3回体験していますが、同じチームに必ず、めちゃめちゃ怖がる方がいるんですよ。でも、いざ暗闇に入ると、その人が一番楽しんでいらっしゃる。たぶん、コミュニケーションしていないと怖いから、誰よりもしゃべる。そうして自己表現しているうちに、その方がすごく楽しんでいる感じが伝わってくる。こっちですよ、と手を引いてあげたりしていると、周りの人たちもその人を守ろうとして団結していく。そして守られているその人は、その安心感でどんどん饒舌《じょうぜつ》になって、新しい発見をしていく。日常生活でも、言われてみると、そういうことがわりと好きなのかもしれないということに改めて気づきました。

## 体験の後、日常生活で思い出すこと

**太田**：私はセラピストという仕事柄、いろいろな方に出会います。D－Dに出会ってからその方が何に困っているのか、背景や環境とかではなく、自分自身をどう思っているのかという認識や、どんな感情を持っているのか、お話をたくさん聞きながら、見た目だけじゃなく、いろいろな角度や方向から質問したり、見てみたりすることを心がけるようになりました。

**田中**：今でも、風の匂いとか、雨が降る直前の匂いとか、匂いで何かを強く感じるような瞬間に、暗闇のことを思い出します。暗闇で嗅いだ笹の匂いや空気感みたいなも

の、見なくても自分の感覚が働いていることを認識できたこと、そんな感覚を思い出します。あと、暗闇の中で肩を寄せたり手をつないだり、ちょっと触れているということの大切さや安心感は、なかなか他で味わえないものですね。それ自体がありがたいって思えるんです。

# 暗闇の記憶

——体験者のアンケートより

体験後にはアンケートへの協力をお願いしています。多くの参加者は、じっくりと用紙に向き合い、ゆっくりと言葉や絵を表現しています。

7歳女の子のダイログ体験後の感想

●感想をご自由にお書きください

いつも目にたよっているから、こん回の体けんでまっくらで、体けんがおわったときには、自分は本当にふさい世界にいるんだなあと思った。~~においや耳~~耳やはながにおいが音をおしらせしてくれたので、よくあるけた。ジュースもいつこぼしちゃうかと、どきどきした。目がふじゆうな人は、どんなくんれんをしたんだろう。どんなくんれんをして、なれたんだろう。でもいっぱいれんしゅうしてるから、なれたのかな。ふじゆうな人は、あたしよりじゆうな力をもっているんだな。めにたよってると、本当のきもちをしれないんだ。本当の心をもてないんだ。みんなが、人形のようにかさごそうごいて、こわかった。もっともっと、本当の心をみんなにもたせてあげたいな。本当のきもちも、もたせてあげたいな。

●お差支えなければ、以下の項目にお答えください

性別：男・女　年齢：7歳　ご職業：ありません。

何が待っているのか ワクワク、ドキドキと、不安…

あっという間に時間が過ぎてしまいました。
まっ暗な中にいると、すごく自分が素直になり、1人では
何も出来ないので人とつながろうと思う自分、
自分から働きかけて喋ったり触ったりしないと何も
起こらないし、解らないんだと思いました。
普段いかに「みえているでしょ！」「解っているでしょ！」と
自分の気持を正直にシェアしていなかったなと
気づきました。感覚がよみがえったかんじです。！！

50代（女性）

終始涙が出てました！何故かはよく解りません。
声の方向を探す、人の体温を感じる、笑った声がする
そういったこと全てに感動していたのかもしれません。
黙ると消えてしまうかな、と思ったのですが
それでもアテンドの方が見つけて下さったので
そこでまた、一人ではないんだなと改めて感じて…

何より得たものは、誰かと共に居る安心感を
自分が何より必要としていることでした。

DIALOG IN THE DARK

・㊛　年齢： 28 歳　ご職業： 会社員

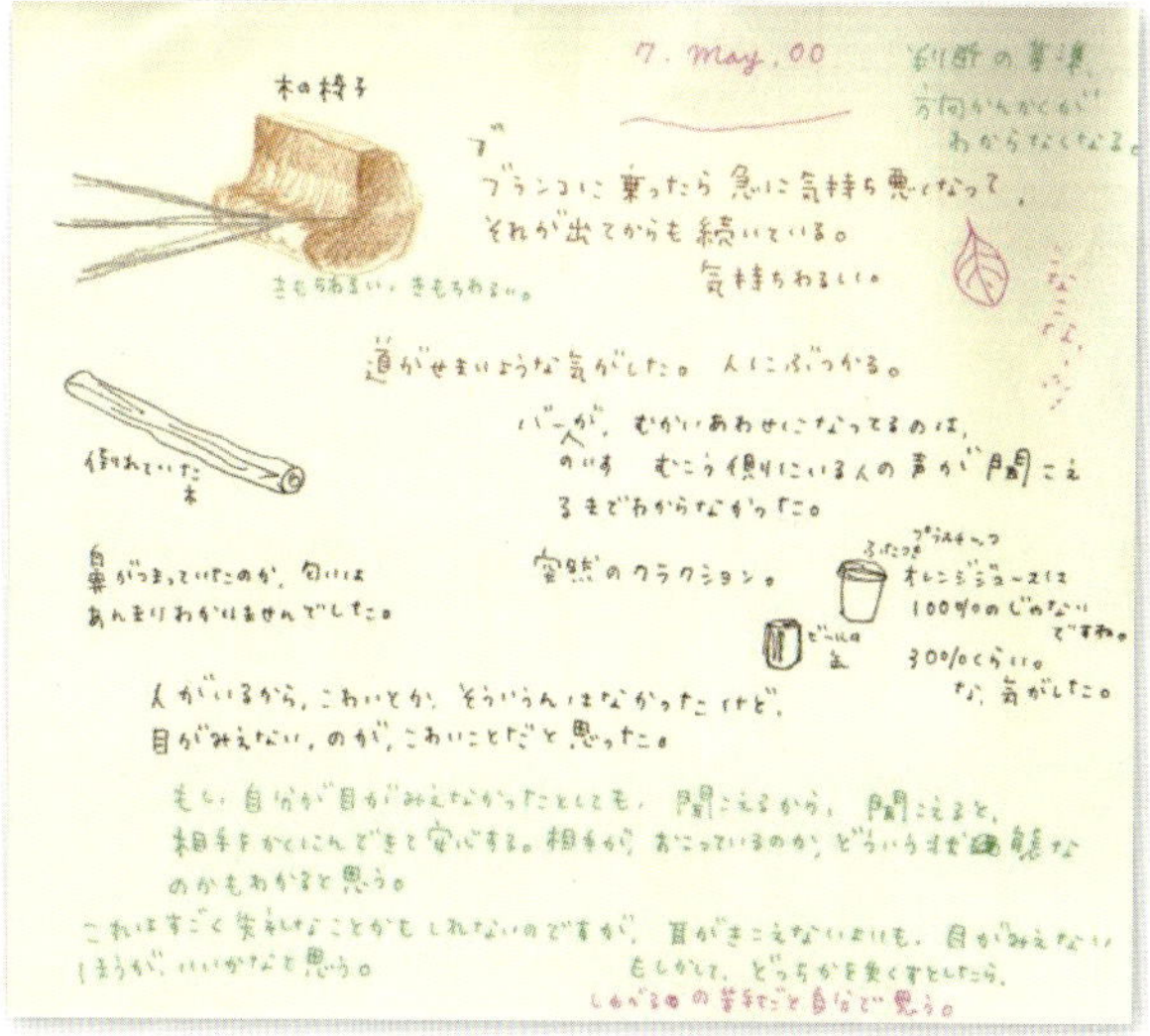

# 03 ビジネス研修編

〈イントロダクション〉

ダイアログ・イン・ザ・ダーク代表　志村真介

今、企業にダイアログ・イン・ザ・ダーク（D－D）のビジネスワークショップが必要とされています。今日は大手企業の役員の方たちが、昨日は100名を超える研究開発者の方たちが、視覚障がい者に導かれ暗闇に入っていきました。冬になれば、人事担当者の方たちが翌春入社予定の内定者を連れてきてくださいます。理由は、企業の色に染まらないうちにイノベーションを考えさせるためとのこと。春に行われる新人研修の予約も増えています。

暗闇でファシリテーターとなるのは、ビジネススクール出身者でもMBA取得者でもありません。組織運営とは無縁であることが多い視覚障がい者が務めます。あまり使いたくない表現ですが、あえて言えば人の助けを借りることが多い人生を送る、いわゆる弱者です。その障がい者が、社会、経済を動かすビジネスマンに、一体どのような影響を与えているのでしょうか。

私は日々、アテンドを担う視覚障がい者と苦楽を共にしていますが、彼らは物事に勇敢に挑戦し、しなやかで柔軟な頭を持つ努力家であることがほとんどです。さらに、人の話に耳を傾けることには誰よりも長けており、また目を使わないことで得た鋭い洞察力を持っています。人によっては、もっと別の優れた能力もあります。実は彼らこそが真のイノベーターなのです。

もちろん、それらの能力があるからといって、そのままワークショップに関われるわけではありません。能力を生かすための厳しい訓練も必要です。そのために本部から派遣されてくるのが、「目を使わないからこそ得た能力を活かす」を信条に、見えない闇の中を灯す役目を担う人を世界中に創出しているダニエラ・ディミトローヴァというトレーナーの女性です（86ページに寄稿）。

ダニエラの指導を受け、能力を存分に活かす方法を学んだアテンドたち。彼らのファシリテートのもとで、研修を受けたみなさんはどう変化するのでしょうか。ある方は、数時間前までは街なかで見かける視覚

障がい者に、どう声をかけたらよいのかすらわからないと言っていたのに、研修後はアテンドと友達のように笑いながら肩を並べて話しています。そして、参加者同士の関係はまるで学生時代からの友人のようです。

　この不思議な現象に多くのマスコミが注目しています。これは、老若男女が暗闇を楽しむエンターテインメント型のＤＩＤとは異なるプログラムで、対象者は企業や組織で活躍している人たち。内容はコミュニケーション、チームビルディング、リーダーシップ、ダイバーシティなどで、組織をより良く運営するために最も必要なものを暗闇の中で習得する仕掛けとなっています。

　暗闇の中でヒトと丁寧に関わることで信頼関係を結び、その体温に安堵し、協力してプログラムに取り組む中、いつしか深い変化が起きている…。この変化こそが組織や社会を変革する力になると私たちは信じています。

## ビジネスワークショップの効果測定

「いい体験」で終わらないこと。実際に具体的な効果を実感してこそ得られる評価です。体験前後で大きく変わるＥＱ（心の知能指数）に、その効果が現れています。

### ビジネスワークショップにおける効果

● 期待される効果

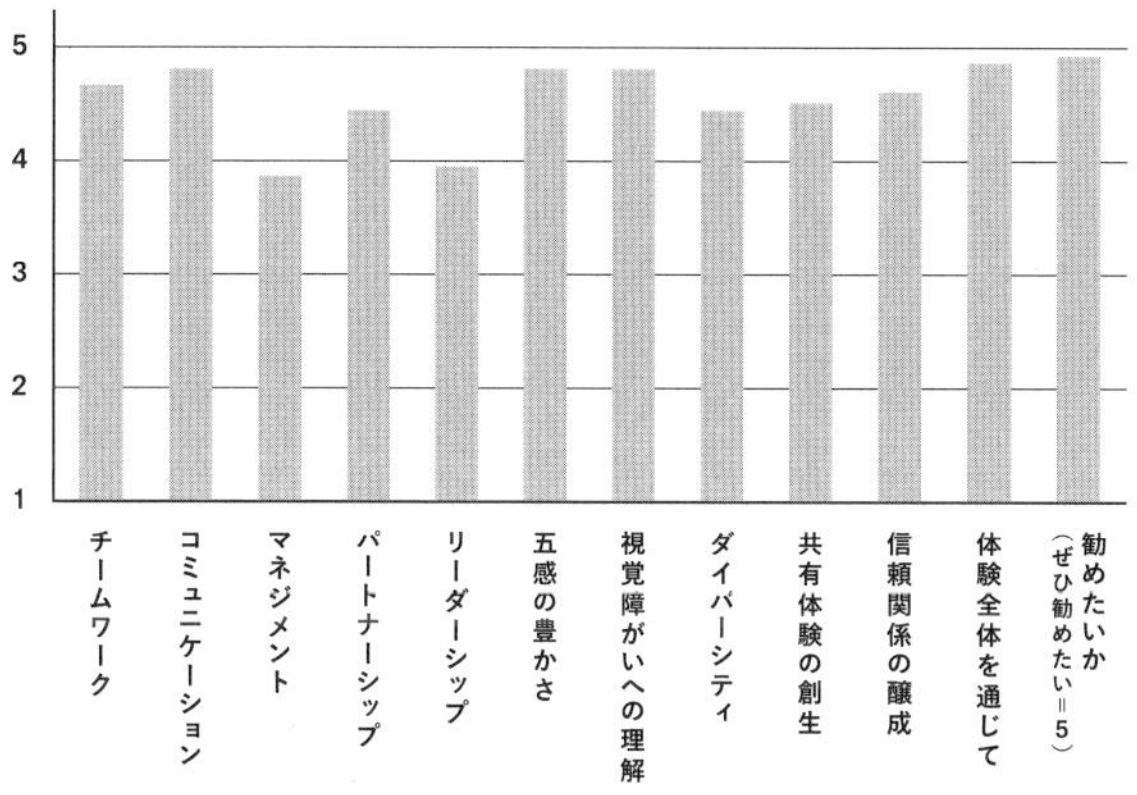


● ビジネスワーク体験前、体験後のＥＱの変化

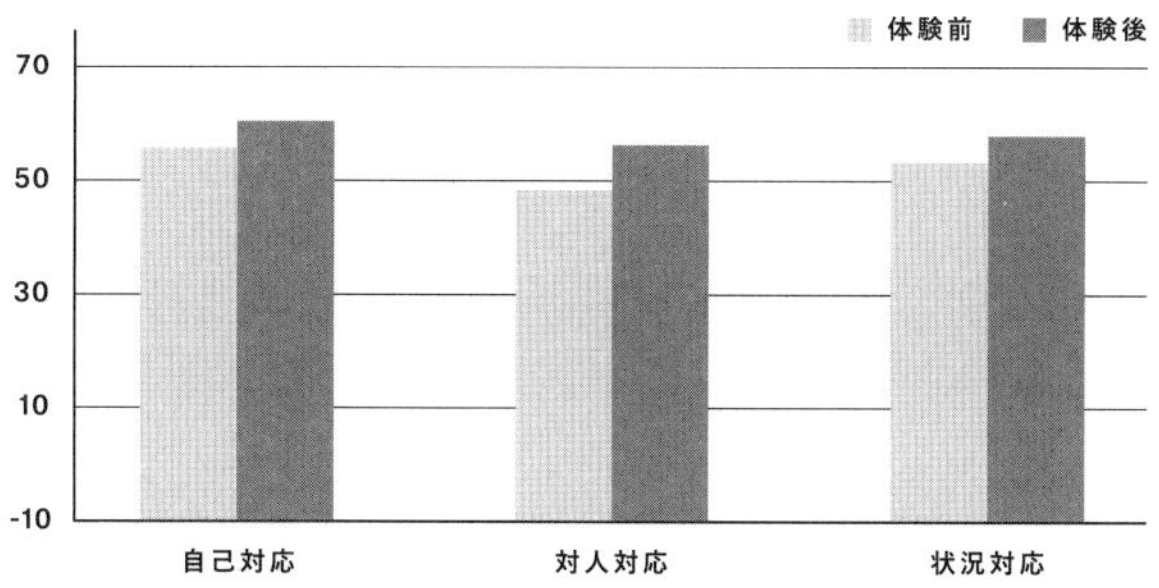

# 価値観を一度ひっくり返す

**新たな役職者を対象に、DIDのビジネス研修を導入している清水建設。社有の研修所には、常設の暗闇空間が設置されています。DIDを研修として利用されている狙い、そして効果はどんなものなのでしょうか。**

清水建設 常務執行役員
辻野直史さん

## これまでにない体験をすることで価値観をひっくり返す機会に

いろいろな研修が出し尽くされている今、企業は新たなプログラムに飢えていると思います。DIDの研修は、新任の役職者全員に実施していますが、いわゆるどこかの専門家を呼んで講演を聴くといったものとは違い、こういうことを学んでほしい、と決めているわけではないですね。もちろん、私自身も体験させてもらって、自分なりの気づきはとても多かった。だからといって、新任の役職者としてあるべき姿をこの研修から学べと言ったことはないですね。経験すればわかりますが、DIDの研修で受け取るものは、人によって違うわけです。

正直に言いますと、当初は視覚障がい者の方の立場に立ってみよう、という考えがありました。しかし、実際に体験してみると、暗闇の中で経験することが自分にとって全く初めてのことで、戸惑いや気後れの中で、それまでの価値観が壊され、変化すると感じたのです。いかに人は初めての経験に対して無力になるかというのも、よくわかりました。そうした状況下、チームでコミュニケーションをとり、共同作業をするということは例がない。だからこそ、これまで会社の中で昇進という階段を上がってきて、世間の常識とかいうものを身につけてきた人にとって、積み上げてきたものを一度ひっくり返す、ご破算にするような機会になればちょうどいいかなと思いましたね。

## 「自分なり」に気づいたことが会社にとっても役立ってくる

私が個人的に感じたのは、研修のファシリテーターをされたアテンドの方が、最初から終わりまで非常に論理的にものを考え、きちっと結論づけていたことで、目から鱗《うろこ》でした。また、我々が共同作業の定義と考えていたものが間違っていたと思いました。黒板やホワイトボードにちょこちょこと書いて「みんな、わかった？　じゃあ、これで行こう！」と、それが合意だと。ところが暗闇の中では、それが通用しない。研修後にアテンドの方から言われたのは、「打ち合わせが十分でなく、合意形成されないまま、作業に入ってしまいましたね」。我々としては普通だと思って進めていたけれど、言われてみれば、上司がわかったんだからみんなもわかったね、という感じだったんですね（苦笑）。暗闇でも会社を引きずっていた部分があった。アテンドの方たちは始めから終わりまで、物事のプロセスをきちっと頭の中に書き込んでから動くということがわかり、非常に参考になりました。

とはいえ、私の結論を押し付ける気は全くありません。そこは個人で違っていいと思うのです。感じるところは人それぞれですが、「自分なりに」感じるところは必ずある。この「自分なりに」というところが一番大事だろうと思うんですよ。自分で出した結論は、必ず気がつくんです。D－Dのいいところはそこだと思うんです。

もしかしたら大したことのないことしか閃《ひらめ》かないかもしれません。すべての人が素晴らしいものを発見しましたという話でもありません。ただ、ほとんどの人がこのような経験はしたことがないでしょうし、このような経験の中から何か自分なりに感じるものは当然ある。これは他の研修では得られないものです。でもそれがきっと会社にとって役立ってくるだろうと思えますし、本人も体験によって変わる。そうしたところがD－Dの素晴らしいところだと思いますね。

## コミュニケーションは建設業にとって最も大切なこと

　建設業というのはなかなか面白い産業で、お客様とのやりとりも当然ありますが、それ以外に大工さん、鳶《とび》さん、左官屋さんといった人たちとのコラボレーションがあり、建物の完成という共通の目的に共に向かっていく。その中で、コミュニケーションは非常に大切で、一番求められているものだと思います。それができていなければ、品質や安全上の問題などが起きる可能性があります。

　暗闇の中では、自分たちに残されたものは言葉しかない。日頃コミュニケーション能力を磨いていないと、暗闇に入ったからいきなりどんどん話せるようにはなりません。暗闇でコミュニケーションの大切さを感じた人は、単に伝えるためだけでなく、相互理解のための本質的なコミュニケーションが大切だと言っているのだと思います。たくさん話す中で、相手が2~3割受け取ってくれれば十分いいコミュニケーションが成立するのではないかと思いますが、最初から2割しか話さないと、100%相手が理解してくれるように話さなければならない。これは非常に難しいでしょう。暗闇で気づいたように、情報をもっともっと発信すればいいと思うんです。少ない情報でコミュニケーションをとることは効率的なようですが、決して質が高いとは思わない。間違ったっていいじゃないですか。そういうのも全部含めて積極的に発信し、相手の言うこともたくさん聞くことで、互いのことをかなり理解できるようになります。

## 違いを認め、受け入れて同じ目的に向かって共に進む

建設業はまだまだ男社会です。最近当社では女性の採用率は20％ほどになりましたが、男性が圧倒的に多い中で、男性的な考え方をみんな身につけていく。しかし今、世の中では女性はもちろん、障がい者や外国人の方も社会に出てきていて、そうした人たちの意見や考え方を理解していかないと、会社の常識は非常識になってしまう。

私たちはいわゆる健常者ですが、見て見ないふりをしたいときもあるんです。むしろそのほうが多いかもしれません。そのとき、「いや、俺は障がいのある人とない人とを平等に扱っている」と、女性のことも尊重して同じに見ている」と、正当化する。でも、違いということについて目を向けたことがあるのか？　と自問するとね、実はそれに向き合ったことはないんですよ。そのほうが楽ですから。男女平等、同じだよ、同じ人間じゃないか、ということではあるものの、やはり違うところはある。それは、人間の本質的なものなのか、今までの歴史がつくったものなのかわかりませんが、今の段階では現実にあると思いますね。それを受け止められるようになりたいなと思っていますが、まだまだ、目をそらし気味なところもありまして。お恥ずかしい限りです。

アテンドの方の優れた能力は、暗闇でも痛切に感じました。自分たちの能力を最大限に活かすことができるというのは、組織にとって理想です。違っているものを認め、受け入れたうえで、多様な人たちが自分たちの能力を最大限に活かし、同じ目的に向かって一緒にやっていけるような会社にしていきたいです。

視覚のない日々

明るく過ぎる毎日

足元を見なくても越えられるのは、白杖があるから。

いつものカフェで、もらうのはぬくもり。

04

リレーショナル編

# 対話が構築するチームワーク

04

Relational

ビジネス研修の中で、より「対話」を重視した新しいプログラム「リレーショナル・エデュテインメント」。看護師であり、自身もファシリテーターを務めるなど幅広く活動する浦山さんは、医療関係者にこのプログラムを体験してもらう機会をプロデュースしました。そこにはどのような狙いや思いがあったのか、詳しく伺いました。

看護師
浦山絵里さん

## 暗闇で生まれるチームワークが医療の現場でも活かされる

Ｄ－Ｄに最初に入ったのはいつなのか覚えていないほど前のことで、ビジネス研修にも何度か参加しました。暗闇に入る前は、見知らぬ人同士で、素知らぬ感じなのに、出てきたときは激変している。あるとき、ビジネス研修の最後に、男性と女性がハグするのを初めて見たんです。季世恵さん（理事）が「じゃあみんな、ハグしてお別れしようか～」と言ったのです。すると当たり前のように「そうだよね～」って。みんなも同じ気持ちだったんですね。

私は救急の現場が長かったのですが、現場ではパッとチームになることが要求されます。ほかにＤＭＡＴ（災害派遣医療チーム）でも、災害時に種々の専門家が集まってチームをつくります。もちろんいいチームもありますが、後になってチーム内の亀裂が明らかになることもある。その違いは何だろう。あるとき、Ｄ－Ｄにはパッとチームを結束させる何かがあると気づいたんです。暗闇は目の見える人にとっては非日常であり、非日常の経験は後まで残ります。私自身、お風呂に入っているときなどに、ふと思い出すんですよね。Ｄ－Ｄの暗闇にいたときの、つながっている感じとか。

医療の現場ではチームの醸成がとても大切だと思っています。Ｄ－Ｄでは、たった3時間でそれを可能にしてくれる。貴重な体験です。

医療の世界には、なんとなくヒエラルキーがある。本当は互いに影響し合っていないといけないのに、専門職ごとに分断されてしまっている。もっとよく知ろうとか、声をかけようとか、どうしても躊躇してしまうんです。でも相手を知らないと信頼できません。暗闇では、相手を信頼しないと身動きがとれなくなってします。それにみんなが対等になれる。そんなことから医療関係者による体験を思いついたのです。

## 五感が研ぎ澄まされると体験直後は言葉にならないことも

リレーショナル・エデュテインメント研修では大切なことを感じました。医療の世界は毎日が忙しく、日々の喧騒《けんそう》の中でなんとなくこぼれてしまった、あるいは日頃あまり振り返らない記憶のような、たとえば仕事の中でつらかった話や子どもの頃の話などが、暗闇の中でわっと出てきた感じでした。感極まって体験直後にはうまく言葉にできない、体は反応しても対話ができない、という人もいました。視覚以外の感覚が活性化し、ふだんとは違う情報がたくさん入ってくるので、言語化するのが難しいのかもしれません。それで、時間をおいて振り返る機会も持ったのです。やはり医療者に対話は大切でした。

## アテンドの役割はファシリテーターそのもの

ファシリテーターをしている立場からは、研修時のアテンドが、とにかくすごいと思います。とくに最後の振り返りのとき、彼らが何を見ていたのか、どんなことをそこで感じていたのかなどを伝えてくれるのですが、彼らはどうやってそれをインプットして、忘れないでいるんだろうといったことも気になりました。通常、視覚を使う私たちはプロセスを「見える化」して書いていきます。それをみんなで見ながら、今、こんなことが起きていたね、などと確認します。

D-Dでのアテンドの役割は、「寄り添う人」という言葉のとおりだと思っていて、参加者をうまく誘ってくれるけれど、自主性を損なうことはせず、任せてくれる。暗闇の中をよく知っている人（アテンド）と初心者の私たち、みたいな関係の中で、参加者が何か自分らしく行動するときは任せてくれたり、戸惑っているときにはそれを緩めてくれたり、人によって瞬時に判断して対応を変えているはずなんです。まさにファシリテーターだと思っています。

中に入ると、アテンドがいないと動けない。すごくありふれた言い方ですが、ロールチェンジが起こるんですね。社会は目が見える人に合わせてできているので、見えない人にとってはバリアを感じたり、不自由に思うことがあるでしょう。D-Dでは彼らにとってはふだんと同じ暗闇にお邪魔するのですが、彼らがすごく豊かに活動しているように感じられます。その空間では、自分を委ねるという感覚に近いかな。委ねられる人が委ねられる場をつくってくれているんだと思います。お風呂で思い出すのもそのせいかも。お風呂って母親の胎内っぽいですしね。

ふつう真っ暗闇はリスキーな場ですよね。でも、彼らがいるから安心、安全な場になっている。というより彼らがつくっているんです。参加者が会場に入り、簡単な説明をして、部屋の明かりが落ちて。そのちょっとの間に、アテンドは参加者のどん

な情報を得ているんでしょう。それがあるからこそ、本格的な暗闇でファシリテートできる。

暗闇では、何かに触れていないと先に進めません。ぶつかることもあります。でも私たちの社会では、子どもの頃からぶつかってはいけないと教わる。アテンドの強さはそこかもしれないですね。ぶつかることでしかわからないことがあることを知っている。そして、ぶつかることは、つながることだって教えてくれている。

いつか、DIDを招いて医療系の学会の一部屋を暗闇にしたいと思っています。そこにちょっと入って対話してくる、みたいな場があればいいのかなと。特にドクターとか、弱音を吐けないとか、頑張らないといけないとか、間違ってはいけないとか、そういうプレッシャーの中にいる人たちが、暗闇の中で相手がどこの誰だかわからずにいると「ほんとはちょっとつらいんだよね」みたいなことが言えるかもしれない。それって人として〝普通〟じゃないですか。そして〝普通〟の人たちが医療をやらなかったら、医療の現場はよくならないいんじゃないかと思っています。これまで、研修医を集めての研修は実現できたので、今後は一番つらい時期、あるいはスタートしたばかりの時期とか、いろいろな時期に体験してもらえる機会をつくれたらと思っています。

舞台裏のアテンド

## 人も街も ちょっと、ホッと

女の子がアテンドの体にぶら下がるようにして暗闇から出てきました。実はよくある光景。子どもたちはアテンドが大好きになって離れようとしません。会場を後にするとき、女の子はもう一度アテンドに飛びつきました。

「ねぇ、私の声をぜったいに覚えておいてね！ どこかで会えるかもしれないもの。そうしたら私が先に見つける！ だから私の声を覚えておいて！」

アテンドは大きく首を縦に振って何度も頷きます。

「どこかで会えたら素敵だね。きっとまた会えるよ」

# 第３章

# 心地よさをデザインする

## 〜アテンドが探り当てる無二の感覚〜

# 失うことで強くなる　その感覚に夢を託して

ダイアログ・イン・ザ・ダーク・ジャパン理事　志村季世恵

視覚を使わないアテンドと共に過ごすことで、私たち視覚を使うスタッフはたくさんの学びを得ることができました。特に「失うことへのネガティブなイメージ」は大きく変化したのです。それは視覚情報以外の情報を得るために、アテンドたちは別の感覚を使っていること。しかもそれは非常に優れたものであること。そこから、視覚を使う人と使わない人の文化の違いを知るまでになったのです。

ある日、天気がよかったので私たちは海に行くことにしました。初夏の休日の砂浜には人が大勢。私たちもその中ではしゃいで遊んでいました。ふと砂浜に目をやると綺麗な色の貝殻がたくさん。視覚を使うスタッフは夢中になって貝を拾いはじめました。すると同じようにアテンドたちも貝殻を探します。そのときでした。私は1人のアテンドの姿に魅入ってしまいました。彼は長い時間背中を丸め、砂の上を手で優しく撫でるような仕草をしています。丁寧という以外に言葉がないような振る舞いでした。

「あった！　これ！　これ!!」突然、彼はそう叫ぶと、ゆっくりと立ち上がり、私の手に小石をのせてくれました。丸くて平

## DIALOG IN THE DARK® 繊細な感性から生まれた3種類の特別な肌触り

音楽好きのアテンドにインスパイアされた3つのネーミング

Largo ラルゴ | ワクワクするような、風合いと肌触り。 Moderato モデラート | フィット感のある、気持ちいい肌触り。 Allegro アレグロ | 上質な普通さを感じる使い心地。

べったいねずみ色の石。薬指の爪ほどの大きさで、地味だけれど光っています。

触ってみると驚くほど滑らかで、石なのに柔らかさを感じさせます。彼は「すごいでしょう!? 俺もこんなの初めて触った。みんなが貝殻を拾いはじめたから、俺も何か拾おうと思って探したんだ」と満足そうに笑っています。

私はその研ぎ澄まされた指先の感覚と、彼の見せた、あの優しく、丁寧な探し方に感動したのです。

やがてこの小石はダイアログ・イン・ザ・ダークの新しい展開のきっかけとなりました。

あるとき、DIDの体験に、日本を代表する今治タオルのメーカー、田中産業の田中良史社長がお見えになりました。私は、小石の話をしてみました。アテンドの指先の鋭い感覚を理解してくださると思ったからです。すると私の予想をはるかに超える反応をしてくださり、タオルのような繊細な商品を開発するには、その指先の感覚はきっと役立つだろうということをおっしゃっていただいたのです。

本人たちに言わせればふだんから使っている感覚なので、それが特別な才能や能力に結びつくとは思ってもみなかったのでしょう。この急展開に驚いていましたが、間もなく田中産業と新しいタオルの共同開発が本格的に始まったのです。

誤解のないように伝えますが、これは障がい者が使用するためのタオルではありません。誰もが使える、世界で最も質の高いタオルです。それを作るには、世界で最も指先の感性が研ぎ澄まされた人たちの力が必要なのです。目指すは最高の心地よさ！

アテンドたちはタオルのテイスティングのために何回どころか何十回、いえ100回以上入浴をしました。濡れた体をタオルで拭《ぬぐ》うだけではなく、やがて使用してくださる方の立場で実験を繰り返したのです。たとえば、お風呂にゆっくりつかった後とシャワーだけを浴びた時に心地いいと感じるタオルはそれぞれ異なり、また男女で質感の好みが違うこともわかりました。

アテンド同士で毎日意見交換をし、田中産業に伝える意見やアイディアをまとめました。この提案は田中さんから言わせれば驚くことばかり。それどころか、細やかなアテンドの意見を反映するためにずいぶんご苦労があったそうです。

完成したタオルを触った時の驚きは、あの小石を触った時の感動を呼び覚ましました。

アテンドにとっても初めての経験となったタオルの開発。ある百貨店では一番人気となりました。「赤ちゃんが初めて使うタオルはこれでなくっちゃ」と、産院からも多く声がかかり、また自分のご褒美のためにこのタオルを使用するという多くの女性の声も聞こえてきました。2008年にグッドデザイン賞を受賞し、日本で開催されたAPEC（2010年）で紹介もされ、内輪受けでなく、社会的な評価もいただきました。

視覚を失うことで得た能力が評価されている。しかもダイアログ・イン・ザ・ダークの暗闇の中だけでなく社会の中で。タオルの開発以降、アテンドたちの能力は専門分野に求められ、自動車メーカー、飲料メーカーとのコラボレーションを可能にしました。

そして最近では、会津漆器の職人さんと共に漆器を作り、伝統文化を継承し、世の中に広めることに取り組みはじめました。試行錯誤の末に誕生した美しいフォルムの器は、発売前から注目を浴び、アテンド達は自分たちの感性についての認識を新たなものにしました。

ところで、海に行ったときの話から、私たちはもう一つの気づきを得ました。朝の集合場所は駅の改札口。白杖を持ち、点字ブロックを頼りに歩く視覚障がい者たち。点字ブロックは駅のホームなど、街の中にたくさんありますが、それを使用する視覚障がい者を見かけることは少ないのではないでしょうか。外国の知人には「ハードばかりを充実させているようで理解できない」と指摘されることもあります。確かに海外に行くと障がい者が街を歩いている姿をよく見かけますが、日本ほど点字ブロックは多くないのです。視覚障がい者が大勢で集まり電車に乗ったこともあり、注目を集めていました。でも声をかけてくる人は1人もいません。

海に出かけたあの日から10年が経とうとしています。街を歩く視覚障がい者を見かけることは増えたでしょうか？　私には劇的な変化を感じられません。その一方で、アテンドと産業の結びつきにより、社会はゆっくり着実に変化を遂げはじめています。その結果、人々の価値観も変わりつつあるように、私には思えています。

# めぐる

「めぐる」

ダイアログ・イン・ザ・ダークのアテンドは、手や唇の触覚に優れた、健常者にはない感性の持ち主です。漆器の作り手たちもまた、素材の選び方や丁寧な下工程など、見えないところに心を配りながら、卓越した手の感覚を頼りにものを生み出します。その両者がお互いに何度も行き来し、対話を重ね、「めぐる」は生まれました。漆器本来の良さである心地よい肌触り、そして自然の息遣いを感じます。２０１５年のグッドデザイン賞、また同ウッドデザイン賞奨励賞を受賞しました。

http://meguru-urushi.com

## 水平《すいへい》

「しっかりしていてこぼさず持てる」
「手だけじゃなくからだ全体の重心が決まる」
安心して抱きあげるような骨格があり、
テーブルの水平も手の角度も知ることができる。
たしかな安定感がある優しい形の器は、
職人とアテンドの対話によって生まれました。

## 日月《にちげつ》

「ずっと手の中に包んでおきたい」
「自分の唇と器の境目がわからなくなってくるみたい」
おもわず頬ずりしたくなる心地よさは、
まるで人のぬくもりそのもの。
漆器に触れたアテンドたちの声をもとに職人が追求した器は、
日月を重ねるほどに愛情が増していく形をしています。

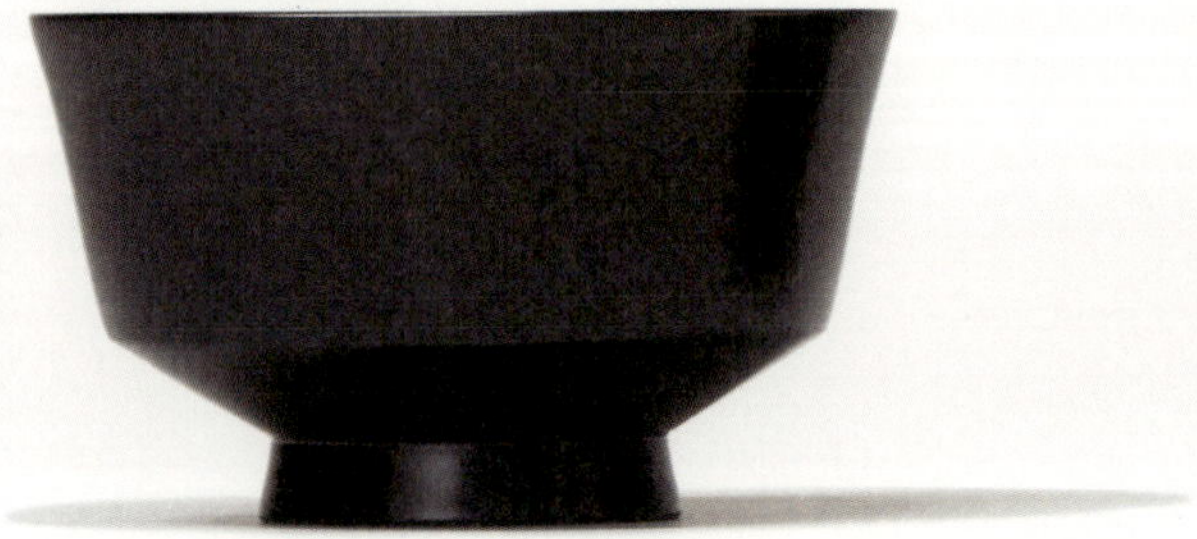

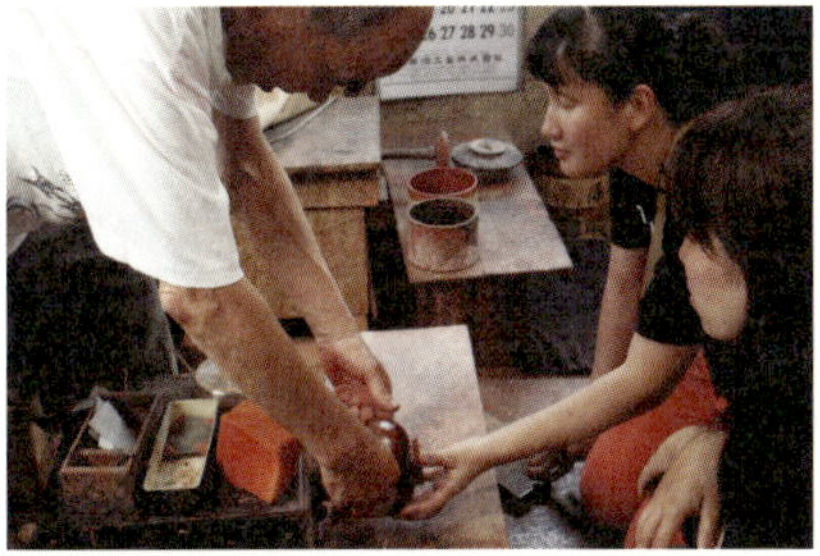

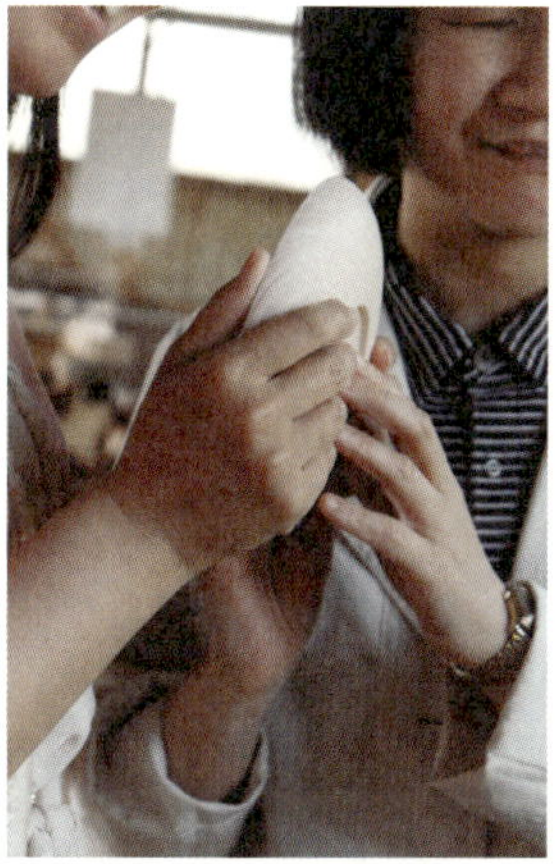

舞台裏のアテンド

## 人も街も ちょっと、ホッと

最寄り駅から会場までの道。視覚障がい者が白杖をついて歩く姿は見慣れたものになってきました。いつからでしょう。点字ブロックは誰かが雪かきをし、棘《とげ》がある植物の枝は短く切ってあるのです。近所のコンビニでは、店員さんが手際よく案内してくれるようになりました。会場近くにあるコーヒーショップのお姉さんは、アテンドの名前まで覚えてくれています。都会は冷たい？　いえ、きっと知らないだけ。

# 第4章
# 新しい体験を演出
# 変幻自在のアテンドたち

東京会場での全体会議の様子。
紙の資料やホワイトボードはどこにもありません。

ゲストを家族として迎える大阪会場。
ほんわかムードが大切です。

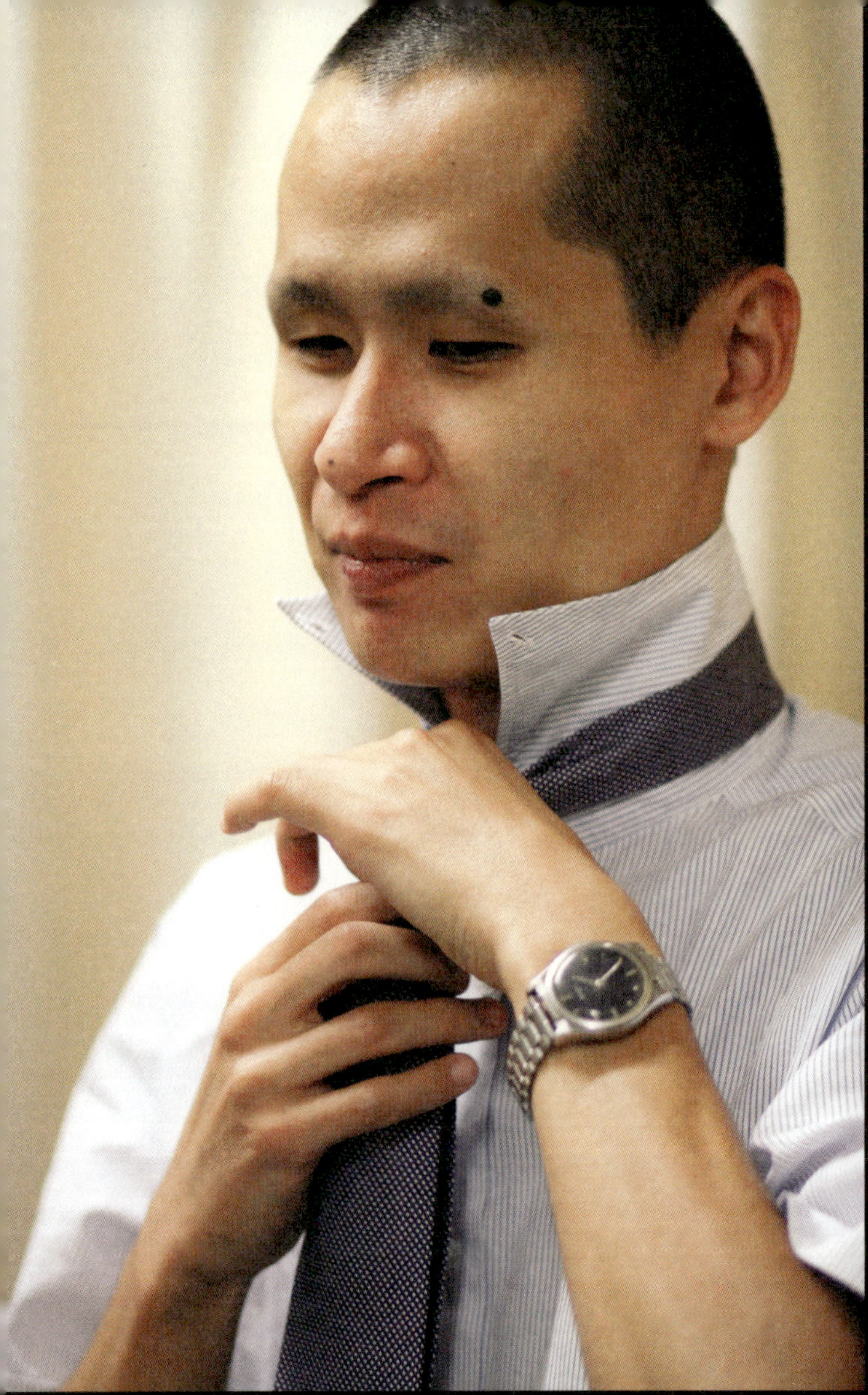

BWS（ビジネスワークショップ）のファシリテーターとして現場に臨む。
ネクタイを締めて気持ちを引き締める。

# 目の前に広がる可能性をせばめないため立ち位置を常に変化させる

## 01

ひやまっち

檜山 晃

「いやぁ、俺さ、いきなり十歳の子のお父さんになるところだったよ！」

アテンドを終え、控室に戻ってきたひやまっちが、ふだんとちょっと違った声で話しはじめました。その女の子は、暗闇の中で彼の本名を知りたがり、何度も質問したそうです。彼が「どうしてそんなに名前を知りたがるの？」と尋ねると、女の子は「だってお母さんと結婚してもらおうと思ったのだもん！」と答えたそうです。

ひやまっちは、今ではＤＩＤの中で最古参のアテンド。これまで、１万人以上のゲストを暗闇へ案内してきました。

「これまで10年強、ＤＩＤでアテンドという役割を担ってきました。世界ではこれまで39か国で開催されていますが、海外と日本のＤＩＤでは異なることがあります。それは、海外では僕たちの役割を『ガイド』と呼び、日本では『アテンド』と呼ぶことです。僕たちが特別な意味を込めて使うアテンドという言葉、その役割。それを僕はとても気に入っています。

お客様を案内する暗闇は、当然、安全でなければいけません。中には足がすくんでしまう方もいます。だからといって、配慮しすぎて、過保護になってはもったいないように思います。僕の考えでは、これは『ガイド』の役割。

もちろん、ゲストの不安を取り除くために、心を落ち着かせ、安定して行動がとれるようにガイドすればいいのですが、お互いに一度安定してしまうと、先の展開が望めなくなってしまうのです。

人は誰しも、何らかの安定を求める習性があると思います。暗闇というゲストにとって未知の環境の中で、不安定だからこそ安定をどこに求めるか。たくさんのことを考え、想像することで、可能性は無限大だと思います。

そこで、暗闇で不安に思っているゲストに『こうすればいい』、ということは言わずに『耳を澄ますとどうですか？』なんて聞いてみたり、『触るとわかるでしょ？』と伝えてみたりします。僕たち視覚障がい者が環境を把握するためにふだんやっているようなことを味わってもらい、見ることを手放していただきます。ときには僕自身が、その場を楽しむゲストの一員になることも。そうした流動的な役割を担えることこそ、『アテンド』という仕事の醍《だい》醐《ご》味《み》であり、やりがいを感じています。

アテンドとして、立ち位置を変化させ続ける中で、わかったことがあります。健常者が優位で、障がい者が劣等なのではなく、互いが持っている強みが違うということ。そしてマジョリティとマイノリティはその場の状況や環境で変わることです。

人は環境によって立場が変わるものだし、それをわかってこそ人間らしさが育つのだと思ってます。それこそが『可能性』につながるのではないでしょうか」

大阪では「伊達メガネ」をかけ、別キャラクターのアテンドになりきる!?

若いスタッフから相談を持ちかけられることも多い。
アテンド間のコミュニケーションも大切なひととき。

## 02

**やよちゃん**

海老澤弥生

# 気軽に街を歩くこと
# 出会いの数は
# きっと理解の数

「私は、DIDのアテンドのほかにきんきビジョンサポート（KVS）という、視覚障がい者と医療と福祉、リハビリをつなぐボランティア団体でも活動しています。そこでは相談電話の対応や、月1回の女子会などを開催しています。『もっと外に出よう、楽しいことがあるよ』と感じてもらいたく、活動を続けています。

視覚障がい者に『歩行訓練の目標でまず一番やりたいことは何ですか？』と聞くと『ゴミ出しに行きたい』と答えるような人が多いのが現状です。えっ!?　と思われるかもしれません。でも、外に出ることすらままならない、というのが実情です」

ある日、やよちゃんは思わぬ事故に遭います。電車のホームで転落したのです。

「その日はKVSのハイキングでした。待ち合わせ場所まで1人で向かっている途中、ある駅で特急のホームを探していました。私は、ほんの少しですが目が見えるのです。時計で言うと10時と4時ぐらいの方向、左斜め上と右斜め下にほんの少し、針の穴くらい見えるところがあります。そのときはホームの2番（線）という字が見えたので、特急の1番はどこだろうと探していましたが、なかなか見つからず、この2番の看板の後ろ側かもしれない…そう思って後ろに下がったところ、そのままホームから落ちてしまいました。

ちょうど電車が出た後で、すぐに3人がかりでホームに引き上げてもらいました。ストレッチャーに移動する時、抱きかかえられるとあまりに痛いので、自分でゆっくり上がったほどです。すると、近くで女性の『きゃー!!』という悲鳴が聞こえたのです。同時に、ホームから落ちる直前、私の近くをカートを引く、ヒールの音が通り過ぎたことを思い出しました。音から、女性がこちらを気にしながら通り過ぎている雰囲気が伝わってきました。あのカートとヒールの音だったのです。きっとその女性は、私がホームから落ちたのを知り、悲鳴を上げたのだと思います。その声は今も私の耳に残っています」

やよちゃんは、腰の骨と肋骨《ろっこつ》を骨折。

「入院は2週間。友達に何か読みたい本はある？　と言われて『はらぺこあおむし』の点字版を頼みました。

点字ブロックは視覚障がい者が歩く助けになってくれる。
それでも、街で視覚障がい者を見かけることはまだまだ少ない。

ちょうど大阪会場では『暗闇の中での読書』バージョンが始まる前だったのです。私はアテンドとして復帰する気満々でした。でも残念ながら完治まで2か月かかり、そのバージョンでの復帰は諦《あきら》めました。ただ、復帰するということが、退院まで、気持ちを支えていてくれたのだと思います」

ところで、彼女は転落事故についてこれまで秘密にしてきたそうです。なぜなら、それまで励ましてきた仲間を、今度は怖がらせてしまうかもしれないと恐れたから。

「よく考えてみたら、ホームから落ちてもこうしてまた復帰して、あちこち出かけている。今では、そのことを知ってほしいと思っています。それと、あの、悲鳴を上げた女性のことがとても気になります。もしDIDを体験した方だったら、きっとホームで声をかけてくれたはず。何と声をかけたらいいのかわからず、落ちた私の姿を見てとても傷ついたのではないでしょうか。多くの人にDIDを体験していただきたい。そして、視覚障がい者に、もっと気軽に声をかけてもらいたいです」

自ら外に出て、視覚障がい者にもっと外で楽しんでもらおうという活動も積極的に続けている。

視覚障がい者もどんどん街に出て、多くの人に出会ってほしい。多くの人たちに視覚障がい者のことをもっと知ってほしい。

「ホームで白杖を見かけた時は声をかけてください。声をかけるのが難しい時は気にかけてください。危ないと思った時は助けてください」

シンガーソングライターとしても活動しているはち。「人に共感してもらえる歌を歌うには、たくさんのことを経験することが大切。だから興味のあることに積極的に関わ
ていく。そうした経験が、私自身の肥やしになり、アテンドにも活かせているのかな

をしないことに気づいた。（暗闇の）カフェに入ったときに『何かあったの？』と聞いてみたら、『いや、喧嘩してるんです』って女の子。それでグループみんなで励まして、仲直りに成功。そういうことがけっこうある」

はちは、どんなゲストのこともよく観察します。だから、喧嘩したカップ

そんなこと見てるねー』と言われることがある。確かに、私は人を見るのが好きで、たくさんのことに気づくのかもしれないですね。ゲストがちょこっとつぶやいたことも全部拾っていくと、その人がどんな人かわかるというか。『参加者みんなのことが知りたい』という思いがあるのかな」

服選びでは、まずはマネキンが着ている服を触って最近のトレンドをチェック！ 店員さんとの会話から得られる情報も重要。

自分の手で顔を確認しながら頬に紅をさしたり、まつ毛にマスカラをしたりしていく。息を止めているかのようにシーンと静かに。「鏡を持つのは、目を使っていたときのなごり。このほうがバランスがいい。体の記憶かな」

鉄道の旅が一番好き。「音、言葉、香り…そうしたものが少しずつ変わっていくのが楽しめるから」

04

やべっち

矢部弘毅

# 旅の記憶は人の記憶
# 予定調和のない経験が
# 僕のスキルを磨く

点訳の指導をする仕事を辞め、D-Dのアテンドになったやべっち。

「子どもの頃から、運転士より車掌がいいとか、人と関わる仕事に憧れみたいなものがありました」

前職の影響もあってか、D-Dではゲストから「やべっちみたいな人がゼミの先生だったら、もっと集中して聞けるのに」とか、「先生みたい」と言われることも多いといいます。

「丁寧に話すことを心がけていますが、つい、解説者みたいになってしまうこともあります。ですので、暗闇ではあまり余計なことはせず、ゲストの想像力や冒険心を見守り、必要なときはそばにいます、という案内を心がけています。でもなかなか難しく、伝える情報や話し方、タイミングってとても大切ですね」

大好きな旅では、人との出会いが、その後の生活やアテンドとしてのスキルに大きな影響を与えているとか。

「旅をしていると、車掌さんやキャビンアテンダントなどの態度にも興味を持ちます。何かアクシデントがあったとき、何も知らされないと乗客の誤解を招くこともある。たとえアクシデントがあっても、スタッフの対応が良いと最後に『救われたな』という思いにもなれる。人との関わり方で旅も全く違うものになってしまいます」

どんなところなのかなとイメージするのに触《しょく》地《ち》図《ず》*で見るのも楽しい。北海道の先端や果ての地の旅を妄想中!?

＊視覚障がい者が触覚により空間認識を行うための地図。道路や建物などを凹凸のある線や網目で表し、注記は点字。

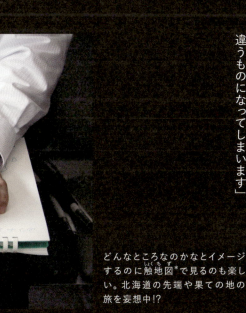

オーストラリア育ちのゆかは英語でのアテンドも担当。

最近、DIDでは英語での暗闇案内の需要も増え、バイリンガルのゆかが活躍する場も増えています。両親の都合でオーストラリアで育ったゆか。大学は日本の大学を選びました。家族と話す時には日本語でしたが、日本の社会や文化の中での生活ははじめて。在学時からアテンドとして勤務する彼女には、印象に残るこんなエピソードがあります。

「小学生の男の子とお母さんが体験に来たときのこと。男の子はシャイで、最初のほうは無口でした。お母さんが男の子の代理みたいに『○○くん、ここにいます』なんてしゃべっていたくらい。でも、いくつかゲームをするなど時間がたつうちに、男の子は自分から話し出したり、先頭切って歩いていったり、他の人と混ざって遊べるようになっていました。人見知りで、ふだんから知らない人とは全然話さない、と、後になってお母さんから聞きました。お母さんは暗闇での変化をとても驚いていました。『これからは、いろんな人とお話できるね』と男の子に話しかけているのを聞いて、良かった…と思いました」

日本という異文化のなかで一人頑張ってきたゆかには、自身と重ねる部分があったのかもしれません。優劣ではない、異なるということ。その中で磨いたゆかの繊細さ。それが、企業トップも認める、ビジネスワークショップでのシャープなフィードバックにもつながっています。

雨の音を聴きながらわたる横断歩道。両手には傘と白杖。

# 自分の持ち味を知り
# 活かしきること
# 未知の世界への唯一の羅針盤

音楽を通して共感する気持ちや、暗闇での触れ合

「今日の参加者はね、無理をして自分以上の何かになろうと、もがいている感じがするの。きっと男性のようになりたいと思っているのだと思う」

　いつもより真剣な表情です。この日、女性管理職によるビジネスワークショップのアテンドを担当したみきティ。言葉を探しているのでしょう。そして、少し間を置いて「私はね、障がいを乗り越えて健常者のようになりたいとは思わない。だって、何かや誰かと比べて、そうなろうとしても未来の扉は開かないもの。自分の特徴をよく知って、その持ち味を活かしきると、これまでとは違った世界が突如広がりはじめると思うんだ」。そう言い残して彼女は外に出ていきました。

　みきティは自分をしっかり認識しています。そのうえで努力して自分自身を成長させています。そんな彼女の言葉は多くの人の羅針盤として、心に残るのです。

おばあちゃん直伝のだし巻き卵。ときには指で確認しながら、丁寧に仕上げていく。

紅茶にとことんこだわる。茶葉はもちろん、カップもすべて。

右がぐっち。左は伴走者。日本選手権（2014年6月）。

現在はアスリートとしても、2016年のリオ・パラリンピック出場に向けたトレーニングに熱が入るぐっち。

阪神淡路大震災のとき、停電で真っ暗になった神戸の家で、家族を外に避難誘導したのは、当時4歳のぐっちでした。強い揺れを感じたうえに電気も消えてしまったことで慌ててしまい、慣れ親しんだ家の中のことですらわからなくなってしまう。そんなとき、小さなぐっちが家族の先頭に立ち、廊下を壁伝いに移動していったそうです。そうすれば、いつものように玄関の外に出られることを知っていたから。

「壁が道しるべだという意識がどこかにあったのだと思います。ふだんの生活で、壁伝いに行くと玄関につながる構造の家だということを、体が覚えていたことが良かったのかもしれません」

当たり前のことができなくなったとき、ぐっちの当たり前が役に立ちました。ぐっちはこのとき、互いの知恵や経験を集めれば、多くの困難も乗り越えられることを知ったのです。

IBSA世界選手権大会(2015年5月／韓国・ソウルにて)800m、5,000mの2種目で銅メダル獲得(国際大会でメダルは初)。

陸上競技でのパラリンピック出場を目指す。大会出場種目は800m、1,500m、5,000m、そしてフルマラ

## 08

### 多恵ちゃん（右）けいたん（左）

北村多恵
辻岡恵子

# 道なき道は誰かと交われば作れるもの

ときおり、熱くなりすぎて、バトルになることも!?

ジャパンパラ陸上選手権（2015年9月）にて、200mで1位、100mで2位に輝き、メダルを獲得!

多恵ちゃんとけいたんは2人とも大阪でアテンドをしています。その多恵ちゃんから手紙が届きました。宛名と差出人（自分の名前）は筆文字で記してあります。目を使わない彼女の書いた文字は乱れておらず、丁寧でまっすぐに並んでいます。封筒の中には彼女のコンサートのチケットが入っていました。多恵ちゃんはプロのソプラノ歌手。そして音楽の先生でもあります。

けいたんは、目が見えなくなってから走ることを覚え、陸上選手として活躍するメダル保持者。大会が終わるとピカピカに輝くメダルを見せてくれます。

そんな2人ですが、暗闇の中の工夫や運営面の話でも、妥協は許しません。話には熱がこもり、周りからは喧嘩をしているように見えるほど。でも本人たちは「喧嘩なんてしてないよ」なんて、けろっとしています。

揉めごとは面倒だから、意見が合わなければ黙っていよう。そんなことを思っていたら、良い仕事なんてできない。プロとして美しい歌声を保つ努力を怠らない歌手。忍耐と努力で両立させる、2人の子を持つ女性アスリート。大阪会場にある2人の交差点には、きっと今日もピカピカの道しるべが立っている。

プロのソプラノ歌手であり、音楽の先生でもある多恵ちゃん。責任感と努力は人一倍。

# 夢の実現に向けて活動を続けます！

ダイアログ・イン・ザ・ダーク　アテンド　駒沢　史

「ありがとうございます！」。ゲストのこの言葉を聞いたときのことを私は忘れません。私がＤＩＤに関わるきっかけになったのは、日本科学未来館で開催された際、参加者として体験したことからでした。ゲストとアテンドの間に交わされるシンプルなこの一言が、私の胸に飛び込んできたのです。「ありがとうございます！」と言った人の表情は見えませんが、満面の笑みであることを感じました。驚きと感動でショックを受けました。

これはすごいやりとりです！　サービス提供者であるアテンドがゲストに感謝を伝えるのは当然のことですが、お金を払ってサービスを受ける側のゲストがアテンドに感謝の気持ちを伝えているのです。しかも手をとって、涙ぐみながら、そして満面の笑みで。

ＤＩＤを体験する前の私は、会社の中で自分の存在意義について疑心暗鬼になり、様々なことを諦めていました。しかしＤＩＤの中では自分がした仕事に対して、こんなにもストレートに、そして即時に反応をいただける。「ここで働こう。アテンドとして人と出会おう」。私はそう決めました。

目を使わない人として日々を過ごしていると、健常者の何十倍も「ありがとう」と「すみません」という言葉を口にします。道に迷い困っているとき、どなたかが声をかけてくれた。電車で席を譲ってくれた。そんな優しさに触れたときには「ありがとう」。思わず、どなたかにぶつかってしまった。白杖でつついてしまった。見えないことで迷惑や、手間をかけてしまった。そんなときには「すみません」。外出する限り、この２つの言葉を使わなかった日は一日もなかったように思います。でもその逆に、自分がその２つの言葉を言われたことは……？

当時、会社の中で自信を失っていた私は「すみません」ばかりを口にしていました。もしかしたら他の障がいのある方たちも同様かもしれません。ＤＩＤでの体験は、そんな干からびた私の心に水を与え、そして種まで蒔《ま》いてくれたのです。暗闇なのに、なぜか「光」も注がれました。

子どもの頃、すべての人がこう習うと思います。感謝の気持ちは心を込めてきちんと「ありがとう」と伝えようね。謝る気持ちは心を込めて「ごめんなさい」と伝えようね。いつしか大人になった私たちは、このとても大切な2つの言葉をうまく使うことができなくなるようです。簡単なことのはずなのに最も難しいものに変わってしまう。

この暗闇は、その難しさを取り除いてくれる貴重なアクティビティです。真っ暗闇の中で、初めて会った人と手を取り合い、言葉を紡《つむ》いで「仲間」へと変化していく過程は、幼い頃に友達と出会うのに似ています。

暗闇は、それぞれの立場や社会的なものを取り除き、1人の「個」として人と関わり、互いの違いを知り、更に違わないことを知る。そして本来の自分に回帰する場であると私は考えています。アテンドとなった私は、見えない世界でゲストの方々が見せてくれる「仲間となる過程」に多くを学び、そして私自身の心にまで、その温かさは到達しすっかりリフレッシュしていたのです。まさに、「アテンドほど素敵な仕事はない！」でした！

いつしか私はこれをすべての子どもたちに体験してもらうことを願いはじめました。ヨーロッパではドイツを中心にすでに多くの国が教育の一環としてＤＩＤを採用しています。情操教育として、国がその効果を理解し認めているのです。アジアでも始まりました。早く日本でも実現したい。この体験が子どものうちにできていれば、どれほど有意義な人生を送ることができるか、想像してみてほしいのです。

障がい者とのニュートラルな出会いは国の民度を上げることになります。これは多様性への理解にも通じ、人間関係の構築の基礎も習得できるのです。今、「協調性」や「創造性」といったシンプルな「人間力」が社会において大切であると再認識されていますが、それこそがＤＩＤの得意とするところです。私はアテンドとして、また視覚障がい者としてそれを実感し、大きな変革が期待できると思っています。

更なる願いは、盲学校に通う子どもたちがＤＩＤの存在を知れば、親も子もネガティブに感じていたことを捉え直すきっかけにもつながるということ。ＤＩＤを通し健常な子どもと出会うことになればどうでしょう？　視覚障がいのある子どもたちが、目を使う子どもたちと交流できる機会はなかなかありません。障がいのある子どもたちと健常な子供たちが同じ場で教育を受けるべきだという意見は以前からも叫ばれています。しかしながら、環境面や安全への配慮、そしてイジメにつながるのではないかという懸念から、実現には高いハードルがあると言われています。ＤＩＤがそれを超える一助となれば、本当の相互理解が生まれると私は期待しています。

　しかし、願いや夢だけなら誰にでも語れるものです。その夢はいつ実現させるのか。それに向けた私の強い意志と情熱は、今年病と共に訪れました。長く続く腹部の強烈な痛みのために病院で検査を受けたところ、進行性の大腸がんであることがわかったのです。５年生存率は60％。手術を受け今は抗がん剤治療の最中ですが、医師からは、薬の副作用として髪が抜けるタイプと、手足が痺《しび》れるタイプの、どちらがいいか聞かれました。私は、迷わず髪が抜けるタイプを選びました。視覚障がい者は、手足の感覚を頼りに生きています。白杖からの情報。点字からの情報。他にもまだまだあります。痺れは私たちのもう一つの目を失うことに匹敵するのです。

　幸い、髪も残り、また転移もないとのことですが、この病気は私に更に考える機会を与えているようです。仲間の存在の大切さ。そしてアテンドをする中で出会った人の大切さ。

心を込めて「ありがとう」と言える毎日を過ごす。

私は自分の病気を知る少し前に、もうすぐ失明する状態にある男性と出会いました。その人は家族に迷惑をかけることを避け、自死を考えていたようです。それを知った友人が彼にDIDの体験を勧めたのだそうです。結果、彼は暗闇で希望を見つけたのです。そして私の入院後、温かい励ましの言葉を送ってくれました。今度は自分が支える番だと言って。

これがDIDの世界です。お互い様の中で培われる関係性がここにあります。

たった90分の暗闇にその方が見つけた希望がある。私はそれをそこだけに留めず、次の世代につなげたいと真摯《しんし》に思ったのです。DIDをすべての子どもたちに体験してもらう。もちろん大人にも。「ありがとう」と言える人に。その言葉の意味を知ることのできる人に。そしてときには「助けて」と言えるように。「助けさせて」と言えるように。そんな活動を皆さんにも知ってほしいのです。

私には子どもがいません。遺《のこ》せることはDIDの中に。そして幼いやわらかい心に「思いやり」の「種」を蒔いてあげたい。そして、その「種」を育むことのできるDIDでありたいのです。簡単な夢ではありませんが、いつか必ず実現すると信じて邁進《まいしん》していきます!

すべての子どもたちにDIDを体験してもらうことが夢。

9月×日
来場者数：128名[東京]　担当したアテンドたち

10月△日
来場者数：36名[大阪]　担当したアテンドたち

舞台裏のアテンド

## 人も街も ちょっと、ホッと

東日本大震災で津波の被害に遭った岩手、宮城、福島の高校生たち。共通していたのは、自分の気持ちを他者に話していないということ。暗闇体験後、1人の女の子が静かな声で気持ちを吐露しはじめました。「私の手をとってくれた誰かの手が温かくて気持ちよかった。津波のときにもね、全然知らない人に助けてもらったの。もう間に合わない、ダメって思った。そのときにね、トラックからおじさんが降りてきて、『乗れ!』って言って私たちを車に乗せてくれた。身内じゃない人が助けてくれるなんて思わなかった。人はそんなふうに助けてくれる存在なんだってそのときに知った」。シーンと静まり返った会場。その話を聞いていたアテンドは、驚いた顔をしています。「え? そんな大切なことを今頃知ったの? 私はね、毎日誰かに助けてもらっているんだよ。ここに来るまでだって、何人かの人に助けてもらっている」。今度はみんなが驚いた顔をしています。アテンドの経験が優しさを伝えた瞬間でした。

# 未知の世界への道しるべとしてのアテンド

ダニエラ・ディミトローヴァ

２０１０年に日本を初めて訪れたとき、アテンドたちが暗闇を案内しながらすでにファシリテーターのように参加者同士の学びを深く促していることにとても驚きました。

日本では彼らは「ガイド」ではなく「アテンド」と呼ばれていますね。

他の国のガイドたちは、役者のスキルを磨いてユーモアをふんだんに盛り込みながら参加者を楽しませますが、ときにそれがワンマンショーのようになりがちです。日本では、暗闇体験の後に明るい場所でアテンドと参加者たちが共に振り返りの時間を持ちます。これは特別なことなので これからもぜひ続けて下さい。他の国のＤＩＤではガイドはツアーを案内するだけで、参加者と体験を振り返る機会はありません。

私は彼らをファシリテーターとして養成するために（日本に）招かれたのですが、彼らの学習意欲や向上心に感銘を受けました。日本のアテンドは対話を促す能力がすでに高かったので、ワークショップのファシリテーターとして訓練することは容易でした。

ＤＩＤでかつて働いていた、そして現在も働いているすべての視覚障がい者たちが、「見えない文化」の親善大使となってくれることを願っています。21世紀の進歩とともに、私たち視覚障がい者は、見えないことは障がいであるという古い考え方や偏見を捨てるべきでしょう。

ブルガリア人である私はドイツに4年間滞在していますが、目が見えないことは一つの文化にさえ匹敵するものなので、それを受け入れ、いかに生きるかが重要なのだと思います。日本のＤＩＤのアテンド、そしてファシリテーターたちが、「見えない文化」を生きる代表者たちとして、その能力や才能を社会に広げていってくれることを願っています。

## ダニエラ・ディミトローヴァ
**Daniela DIMITROVA**

全世界のDIDアテンドをビジネスワークショップのファシリテーターに養成し、認定するトレーナー。ブルガリア生まれ。6歳のときに網膜剥離で失明。ソフィア大学で翻訳と通訳の修士号を取得。DIDに出会ったのは24歳のとき。2つ目の修士号論文のために出席した、障がい者の人権をテーマに開かれた国連会議でDIDのことを知り、創始者であるアンドレアス・ハイネッケ博士に手紙を書いたことがきっかけ。「DIDで働くことを通して受け取ったエンパワーメントの力を、視覚障がい者のために広めていくこと」が、情熱の源。

I was very surprised to find out in 2010 during my first visit to Japan that the blind guides were already facilitators because during the exhibition tours they facilitate profound learning processes among the visitors.

In Japan they are called as "attends" instead of guides.
The difference is that the guides in other countries entertain the visitors very much by developing some acting skills and using a lot of sense of humor. Sometimes it is like a one-man-show. Also, in DID Japan, time is planned for the attend to spend with his/her group in the light, after the tour to reflect. That is very special and I highly recommend you to continue. In other exhibitions they plan guides just for the tour and there is no chance for the visitors to reflect with their own guide.

While I was invited to train them to become workshop facilitators, I was very touched by their strong will to learn and keep improving. The Japanese attends are more experienced in facilitating dialogues, therefore it was easier for me to train them to become workshop facilitators.

I wish all visually impaired people that have been or are still at DID to be and act as Ambassadors of the blind culture. With the advanced help of technology in the 21st century, we blind people shall give up old understanding, perception and prejudice in which blindness is a disability.

Being a Bulgarian myself and living for 4 years in Germany, I can really compare blindness to a culture and it is a matter of coping mechanisms to live with it. What I hope DID attends and facilitators to promote is the abilities and talents of representatives of the blind culture.

# 暗闇とは？ 私に見えたこと 2

## 研ぎ澄まされた五感が知らせた新しい人間関係

人間にとって暗闇とは、「恐怖」であり「悪徳」の代名詞。皆が忌み嫌う暗闇が、人々の心を救うとは誰が想像しただろう。次第に闇に包まれていく入り口の空間から、すでに高揚感が漂う。初めて会った人間を、あだ名で呼ぶ…しかも言い知れぬ親しみを込めて。漆黒の闇に入ると、目を凝《こ》らしても何も見えない。不安と闘いながら、頼りにするのはアテンドのはちゃんと、白杖と、そしてさっきまで他人だった7人の声。その温かさに導かれながら、誓《しば》しの旅に出る。
再び光の中に戻っても、胸に宿った温かさが消えない。傍《そば》にいる仲間の顔は識別できないが、声は区別できる。そして、お互いが支え合った確かな絆と、研ぎ澄まされた五感は、私に新しい人間関係を知らせてくれた。

**株式会社メタルワン　代表取締役副社長　本田武弘**

## 人は1人では生きていけない、助け合わなければ生きていけない

2009年だったか、日本IBMの施設でDIDを体験したのが最初の出会いだった。光の一筋もない真っ暗闇の中で行動するのがこんなに難しいのか、アテンドするスタッフの見えているかのような軽快な動きに感嘆、参加した私たちも視覚が遮られるとなんと素直になれるのか、人は1人では生きていけない、助け合わなければ生きていけない…との想いだった。
会社の仲間にもぜひ体験させたいと思い、神宮前の更に充実している施設に同行した。皆の感想はまさにいろいろだったが、終了後スタッフと一緒に催した懇親会の楽しかったこと、何よりスタッフの連中の明るいこと、真剣なこと、見える人と見えない人のコミュニケーションも何の問題もなく、これぞ飲みニュケーションであった。

**JXホールディングス株式会社　相談役　西尾進路**

## 「ありがとう!! 完全自己解放できた」

「ウワッ、なんて暗いの、全然見えない。どうしよう」。体が動かない、ドキドキが始まった。「はい、どんな匂いがしますか。風は感じますか」。アテンドの明るい声で我に返った。「ああ草の匂いだ」。かすかな風も感じる。「先に進みましょう」。神の声のアテンドに導かれ杖を頼りの一歩が始まった。落ち葉たちの音色の大きさに驚き、そっと落ち葉を踏む暗闇仲間の姿が手に取るように感じられる。ハンドベルで「ドレミの歌」の演奏ができた。ブランコに揺られ母の胎内にいるようだった。吊り橋は怖かった。カフェで飲んだベルギービールを味わったときは完全自己解放!! 生きていてよかった。
生きる精度を高める時と場を失っている私が復活できた。ありがとう!!
DIDは体感するのが一番。今すぐ、今ほらDIDへ出発です。

**NPO法人ケア・センターやわらぎ代表理事、社会福祉法人にんじんの会理事長、立教大学大学院21世紀社会デザイン研究科客員教授　石川治江**

## 多様性の国に向かって

この3年間、ゼミの大学1年生を必ずダイアログ・イン・ザ・ダークに連れていく。多様性を実感するに最適の場所だからだ。僕は社会経済活動に新しい価値を生み出すイノベーションを研究・教育している。イノベーションの要諦《ようてい》は新しい組み合わせにあり、その源泉は多様性にある。同じような視点ばかりでは、新しい組み合わせは見つからない。いかに異質な視点や異質な考え方を持ち込むかが重要なのである。もちろん反論もある。「日本人はかなり同質的でありながらも、戦後はイノベーティブだったではないか」、と。しかし、この反論は視点が狭い。同質的な日本人は戦後の欧米中心世界にあって、きわめて異質な集団だった。実力中心の欧米的世界観にあって、年功序列制賃金、終身雇用制、チームワークなど世界がびっくりするような価値観で競争力をつけてきたからである。しかし、その日本も次第に欧米的価値観に同化してしまった。だからこそ、今多様性が求められているのである。毎年、ダイアログを体験した学生たちから寄せられる生き生きとした感想を読むにつけ、僕たちが慣れ親しんでいる日常のなかに異質性を見出すことができるダイアログ・イン・ザ・ダークが、学生たちの心にイノベーションの種を植え付ける契機になっていることを実感している。

**一橋大学イノベーション研究センター　米倉誠一郎**

## 暗闇とは？
## 私に見えたこと
## 3

# 私にとって、とにかく楽しい場所

私にとって、とにかく楽しい場所。

感覚が鋭くなるとか、脳が覚醒するだとかは専門家に任せておけばいい。

手探りのコミュニケーションが、こんなにも楽しくて、人が人と関わることが大好きなんだって思えてくる場所は、ここしかないと思う。

何かを始めたいとき、何かが壊れたとき、ダイアログ・イン・ザ・ダークに行けばいい。

どんな苦難にも負けないアテンドとスタッフが、上質な暗闇をつくって待っていてくれる。

暗闇は何の色もない、だからといって透明ではない。

人が人となる掛け替えのない場所だと思う。

**長光寺住職　柿沼忍昭**

# 〝見る〟に頼らないことを知って〝見える〟世界

視点を変える。俯瞰《ふかん》する。本質を見抜く。私たちは様々な状況を〝見る〟という言葉で比喩する。そのぐらい私たちの生活にとって見るということは浸透していて、欠かせなくなっている。もしその〝見る〟という行為をあえて制限したら、いったいどんな世界がやってくるのだろうか。暗闇ではいったい何が〝見える〟のだろうか。

最初にやってくるのは、自分の位置すらわからなくなるということ。自分がどこにいてどちらを向いていて、また隣に誰がいるのかも、自分の体の輪郭すら怪しくなっていく。そして次第に匂いに敏感になり、音に敏感になり、触覚に敏感になる。そうして次第に自分が視覚だけに偏って生きていたことに気づく。世の中は逆に豊かに感じられるようになる。

ダイアログ・イン・ザ・ダークを出て、少しずつ明るさに目が慣れていくときにちょっとだけ世界が変わって〝見える〟。それは〝見る〟に頼らないことを知ったからこそ〝見える〟世界なのだろうと思う。


**一般社団法人アスリートソサエティ　代表理事　為末 大**

## 人の気配に安堵する

9年前、初めて体感したDID。参加者の肩書はおろか、顔も男女の区別も、自分の輪郭、自分の存在さえわからない。不安すぎる…と思ったら大間違い！ それは自由だということに気づき、自然と解放されてくる。そして、参加者同士でとにかくしゃべる。満員電車ではあれほど不快なのに、DIDでは人に触れたり、人の気配を感じたりして安堵する。

一筋の、いや一点の光もない暗闇で体感する温かさや癒やし、感動が忘れられず、ときどき家中を真っ暗にし、さらに目を閉じて歩いてみる。するとふだんいかに視覚に頼って暮らしているかがわかる。五感の視覚以外の感覚が研ぎ澄まされ…とまではいかないにしても、感覚が張り切り出すのがわかる。

ふだん、いかに見た目だけの価値観に支配されていて、そこに落とし穴が潜んでいることに気づかないでいるのか。そこから1時間でも解き放たれると、多様性社会の面白さに気づくのではないだろうか。実際、DIDは、リーダーを育成する企業研修などにも利用されているのだという。

いつか、真っ暗闇での会議「ミーティング・イン・ザ・ダーク」をしてみたい。

（SANKEI EXPRESS　まぜこぜエクスプレスより）


**女優、一般社団法人Get in touch理事長　東ちづる**

## 当たり前が当たり前でなくなる「死と再生」の体験

必死で目を見開いても、全く何も見えない。離島の新月の闇夜でもここまでの暗さはない。完全に非日常の世界。勝手が違う。当たり前のことが、一気に当たり前でなくなる。声の響き、足の感触、手のぬくもり、すべてが繊細でいとおしくなる。ひよわな影のような私たちと対照的なアテンドのたくましさ。存在感が逆転する。不安と好奇心が交錯し、ドキドキしながら様々な体験を重ね、次第になじんで楽しみはじめる。バーでの飲み物と音楽の生演奏は格別だ。光の世界へ出ると、一度当たり前ではなくなっていた日常が、新たな彩りを帯びて浮かび上がる。産道をくぐり抜け、死と再生を体験したかのようだ。そうか世界はいつも奇跡なんだ。

**ワークショップ企画プロデューサー、東京工業大学教授　中野民夫**

エピローグ

# この静かなる社会変革はもう始まっているのです

――ダイアログ・イン・ザ・ダーク・ジャパン代表　志村真介

すでに海外には「ダイアログ・イン・ザ・ダーク」の他に、聴覚障がい者が、音のない世界を案内する「ダイアログ・イン・サイレンス」や70歳以上の人が高齢者の世界を案内する「ダイアログ・ウィズ・タイム」が開催されています。いずれも不自由な世界を体験させるためのものではありません。それぞれの文化と出会い、その豊かさを知ることができる社会変革装置です。エンターテインメント性の高いことが大きな特徴で、すべてのダイアログの中に、世の中を新しい概念にパラダイムシフトしていく機会が提供されています。

世界中に存在する何らかの障がいのある方々を私たちは弱者と思ってきました。しかし世界保健機関（ＷＨＯ）の推計によると世界の人口約70億人中、約７億人、10％がその割合を占めています。そしてその方たちは障がいがあるということだけで、世界で最も大きなマイノリティグループとされています。このグループを弱者として社会から外すようなことは本来、非常にナンセンスなことです。約７億人が何らかの能力を活かし、社会に参加できたらどうでしょう？　特に日本では人口の高齢化に伴い更に増えることになります。早急に意識改革をしなければなりません。

このような事実を見ると、１人のリーダーが先導する時代は実はもう終わっています。一人ひとりが社会を構成する当事者なのです。様々な立場の人が一度社会的な役割やその立場を手放し、偏見なく対等に出会い、対話する機会を得る必要があります。だからこそ「ダイアログ＝対話」が今社会から強く希求されているのです。

ダイアログ・イン・ザ・ダークの暗闇に入ると、スタート時点において誰しも不安を覚えます。その中でゲストが頼る相手はアテンドです。ここで劇的にマジョリティとマイノリティは入れ替わり、すべての人のもとに対等という環境が与えられます。その結果、弱者という存在は消え、人間の多様性に対する認識や理解が広がるのです。

このような取り組みから、私たちは自分の知らない文化や人をつなぎ、社会関係資本（ソーシャルキャピタル）を最大化していくきっかけを世の中に提供しています。これにより相互の信頼や協力関係が醸成され、他人への思い込みや警戒心が薄れるため、あらゆる側面に良い影響が表れるでしょう。これが実現できたなら社会の効率化は促進され、価値観や捉え方が変容し、大きな社会的インパクトをもたらして、変革となるのです。

今日も明日も世界中のＤＩＤの中へ約３０００名もの人々が入場し、世界共通の暗闇を体験しています。そして６００名の視覚障がい者と共に固定観念、既成概念を打破し、ステレオタイプをしなやかに壊しているのです。このように静かなる社会変革は始まっているのです。

海外では課外授業の中にＤＩＤを導入し、子どもたちが体験できる機会を国や行政が創出しています。人生の早い段階で多様性を知り、それを受容できたなら、子どもたちは真なる意味で自由を知ることになるのです。これはすでに物質面ではなく内的な成長を高めることに重きを置き、心豊かな人を育てることが最重要であることを示唆《しさ》しています。それが一番の社会関係資本であることに気づいているからなのです。

では日本は遅れているのでしょうか？　私はそうは思っていません。そもそも内的な充実や、思いやりに溢れた人間関係が当たり前のようにできていたこともあり、その重要性に気づく必要がなかったのでしょう。しかし、それでもたゆまぬ努力は必要なのです。磨かねば、やがてはその文化すら錆つき色褪せるときがくるのですから。

日本でも多くの子どもたちがこの機会に触れることは重要です。学校教育の一環に導入されれば、子どもたちは新たな視点を持つこととなり、その成長は社会的な成長と発展につながるのです。

想像してみてください。２０２０年、我が国で開催される東京オリンピック・パラリンピックのときを。私たちは海外国内問わずあらゆる人を受け入れることになります。従来のようなハード面の充実に終わらせることなく、本当の意味でのホスピタリティーを知り、それを提供しなければなりません。いまだ多くある盲導犬受け入れ拒否の飲食店や、視覚障がい者を宿泊拒否する旅館などは、その偏見を捨て改善されなければならないのです。

日本では、一見気の毒と思われがちな状況にある人に声をかけるのではなく「見てはならぬという情け」のかけ方を美徳にしてきました。しかし、その情けの先は無理解だったのです。

東京オリンピックでは、オリンピアンのみに意識を向けるのではなく、パラリンピアンの活躍にも大きな注目が集まることでしょう。これが新たな気づきと成長を促すチャンスとなり、未来へのレジェンドとなるのです。

さてＤＩＤは海外におけるオリンピック開催時に大きく関与しています。私は２００６年のトリノオリンピックの際に、そのために特別に開催されたトリノＤＩＤに出かけましたが、それはＩＯＣのオファーから始まっていました。トリノＤＩＤは自然な形で健常者と障がい者の垣根を取り除き、イタリアンカルチャーを盛り上げていたのです。

誰もが自分の能力を最大限に活かすことができる世の中になることを、私は心底願っています。そしてあらゆる人がお互いの違いを理解し、その個性を活かすことができるための、サポーティブな関係となることができたら、多くの人が抱えるレッテルは消え、次なる社会を迎える大きな励みと勇気につながるでしょう。

そのためにあるDIDの暗闇の中で活躍するアテンドたちは言います。「ダイアログ・イン・ザ・ダーク」ではなく「ダイアログ・イン・ザ・ライト」になるように。暗闇が必要なくなるまで頑張りたいと!

DIALOG IN THE DARK　— 暗闇の中の対話 —
みるということ

2015年12月27日　初版第1刷発行

著　者　ダイアログ・イン・ザ・ダーク
発行人　松井 聡
発行所　株式会社小学館
〒101-8001
東京都千代田区一ツ橋2-3-1
編集　03-3230-5394
販売　03-5281-3555
印刷所　凸版印刷株式会社
製本所　牧製本印刷株式会社


ISBN　978-4-09-388455-6



カバーデザイン：則武 弥(ペーパーバック)

本文デザイン：石神正人(DAY)

撮影：大塚敦子、杉能信介、津久井珠美

イラスト：阿部伸二(カレラ)

校正：菅村薫

special thanks：セキユリヲ